市场驱动型产学研合作理论与实践研究

何华沙 著

图书在版编目（CIP）数据

市场驱动型产学研合作理论与实践研究 / 何华沙著.
—北京：企业管理出版社，2019.12
ISBN 978-7-5164-2058-4

Ⅰ. ①市…　Ⅱ. ①何…　Ⅲ. ①产学研一体化－研究－中国
Ⅳ. ①G640

中国版本图书馆CIP数据核字(2019)第249789号

书　　名：市场驱动型产学研合作理论与实践研究
作　　者：何华沙
责任编辑：于湘怡
书　　号：ISBN 978-7-5164-2058-4
出版发行：企业管理出版社
地　　址：北京市海淀区紫竹院南路 17 号　　　邮编：100048
网　　址：http://www.emph.cn
电　　话：编辑部 (010) 68701661　发行部 (010) 68701816
电子信箱：1502219688@qq.com
印　　刷：北京虎彩文化传播有限公司
经　　销：新华书店
规　　格：700 毫米 × 1000 毫米　16 开本　11.5 印张　140 千字
版　　次：2020 年 1 月 第 1 版　　2020 年 1 月 第 1 次印刷
定　　价：48.00 元

前言

当前，我国社会经济发展正处于转型、调整、升级的关键时期。为应对复杂多变的国际形势，提高我国综合实力和国际竞争力，国家提出了创新驱动发展战略。产学研合作作为一种技术创新体系，是全面推进国家创新体系建设的突破口。它通过融合科研、技术、产业与资本等要素，能有效将知识转化为生产力，促进国民经济增长和发展转型。国内外几十年的实践也充分证明，产学研合作是一种有效的技术创新形式，为经济社会发展提供不竭动力，是促进经济增长和转型的重要力量。因此，研究产学研合作，对促进国家经济社会发展具有重要意义。

政府与市场的关系一直是经济学的热门话题。中华人民共和国成立后长期实行计划经济体制，1978年改革开放以来，社会主义市场经济体制得到不断发展完善，但政府与市场的进与退仍然引起广泛思考。产学研合作本质上是一种市场行为，但由于其对经济社会发展的重要性，各国政府都高度重视。在我国，政府主导型产学研合作曾是产学研合作的主要形式。通过各级政府部门的强力推进，我国的产业、科研和人才队伍建设均取得了丰硕的成果，为我国多年来国民经济保持高速增长做出了重要贡献。但是，随着社会主义市场经济体制更加完善以及社会经济发展到更高层次，政府主导型的产学研合作也暴露了许多问题。资源浪费、效率低下、竞争力不强等问题的出现，要求我国在产学研合作领域也要遵循市场规律，充分发挥市场的作用，以市场驱动型为主导在产学研合作领域逐步成为广泛共识。

我国目前对市场驱动型产学研合作的研究成果还比较少，因此，本文从市场驱动型产学研合作发展的现实需要出发，以交易成本理论、创新理论、知识经济理论、产业集群理论、三螺旋理论、战略联盟理论和“经济人”理论等为基础，提出了市场驱动型产学研合作的运行模式；参考国内外产学研合作实践，分析我国现阶段产学研合作的现状、问题及成因，结合我国建设创新型国家的战略需要，提出了进一步加强产学研合作，构建以市场驱动型为主的产学研合作体系，以促进创新驱动战略实施的观点和建议。

本文借鉴发达国家产学研合作的经验，分析国内不同地区的产学研合作，发现在产学研合作中，市场化程度高的地区经济增长更迅速，结构调整更合理，发展后劲更充足。本文同时研究了我国产学研合作的现状、问题及其成因。我国产学研合作历经了政府绝对主导、政府逐步引导和政府引导与市场驱动相结合三个阶段，具有国家宏观政策影响巨大、企业主体地位逐步得到确立、政策体系不断健全、合作模式渐趋丰富和合作成果日益丰硕等特点，同时也存在研发经费来源结构不够合理、研发经费支出和人才储备存在严重省域失衡、对基础研究不够重视、研究和投入领域存在失衡，以及高新技术细分领域发展失衡等突出问题。针对这些情况，本文深入进行原因分析，认为主要原因在于我国存在发展不平衡、宏观政策体系还不够健全等状况，产学研合作还处在发展的初级阶段。

通过对我国产学研合作存在的问题进行深入研究，本文对促进市场驱动型产学研合作良性发展提出了具体的建议。一是要发挥好政府职能，强调政府在保证市场交易秩序上的特殊作用，加快市场化步伐，完善金融和投资体系，完善中介服务平台，丰富和创新产学研合作的模式。二是要推行和完善学术休假制度，形成支持和鼓励深化科研、创新创业的良好制度环境。三是要加强人才队伍建设，打造一支高端人才队伍，带动产学研合作快速发展，同时加大人才培养力度，夯实产学研合作的人才基础。四是要加大对落后地区的扶持力度，针对我国现存的区域经济发展不平衡问题，从国家层面加大对落后地区的专项产学研合作扶持，通过产业转移、技术转移、制度优化和资金杠杆等作用，帮助落后地区充分发挥后发优势，以产学研合作的有效开展促进区域经济增长和发展转型。

目 录

表目次

1 导论

1.1 研究背景、研究目的及研究意义

1.1.1 研究背景

当今，我国经济发展正处于转型、调整、升级的关键时期，中国的发展既迎来了难得的重大发展机遇，又面临着十分严峻的挑战。党的十八大召开以来，党和国家关于建设创新型国家的发展战略得到进一步强化，促进经济发展转型的目标得到进一步明确。党的十八大做出了实施创新驱动发展战略的重大部署，强调科技创新是提高社会生产力和综合国力的战略支撑，必须摆在国家发展全局的核心位置。科学技术是第一生产力，从我国近年的发展实践来看，以科技创新、产业结构调整和升级为核心的经济转型显得更为迫切。习近平总书记强调，要坚定不移创新创新再创新，加快创新型国家建设步伐。李克强总理也指出，要以产业转移促进中国经济提质升级。以科技创新和结构调整为主导的经济发展，将是未来中国社会经济发展的主旋律，而市场驱动型产学研合作作为推进创新驱动发展战略的重要形式，将对中国经济转型起到积极的促进作用。

国内外几十年的实践证明，产学研合作是一种有效的技术创新和产

业发展形式，为国家经济社会创新发展提供不竭动力，是促进经济转型的重要力量。通过整合高校、科研院所和企业的科技创新资源，同时借助政府的平台，产学研合作实现了企业、高校与研究院所之间科技创新资源的互补，促进了区域经济发展和实现转型升级。

为此，我国在2006年出台的《国家中长期科学和技术发展规划纲要（2006—2020年）》中，明确了要将建设以企业为主体、产学研结合的技术创新体系作为全面建设国家创新体系的突破口。这也是我国打造创新型国家的重要途径。企业是社会经济发展的重要细胞，企业发展好，社会经济才能好；高校和科研院所的科研能力是社会发展的软实力，代表了经济发展的厚度和可持续能力。只有企业和高校、科研院所之间保持良好的产学研合作，各自效能得到充分挖掘和开发，科研和技术创新活动才能蓬勃发展，并与产业发展相融合，进而实现社会经济发展和发展方式转型升级的战略目标。

从产学研合作的驱动力上看，主要有政府主导和市场驱动两种模式。我国过去很长一段时间内，都是推行政府主导的产学研合作模式。项目立项、资金投入、人员选配和考核方式，完全由政府主导。在一定时期内，这种集中力量办大事的发展模式，对我国国民经济的快速发展起到了重要的推动作用。我国大部分科研基础、技术基础是在这一模式下发展起来的。但是，随着我国开放程度提高，市场环境日趋成熟，以政府主导型为主的产学研合作模式已经不能适应社会发展的需要，甚至出现了不少不容忽视的问题，比如决策不科学、资源浪费、环境污染、合作项目与市场需求脱节等问题。这就要求我国产学研合作体系尽快做出调整，构建以市场为导向，以企业为主体的产学研合作体系。

因此，研究和推动市场驱动型产学研合作的发展，对落实创新驱动发展战略，促进国家社会经济发展具有重要意义。

1.1.2 研究目的

当前，我国正处于转型发展的关键时期，在建设创新型国家的进程中，各区域结合本地区发展的实际情况，提出了许多积极的设想，做了许多重要部署，其中重要的一项就是技术创新推动下的产业布局。而产学研合作无疑对支撑和促进技术创新和产业发展具有特殊意义。通过研究与产学研合作相关的经济学理论，借鉴国际国内产学研合作实践，可以总结分析我国产学研合作的现状及问题，提出市场驱动型产学研合作的运行模式和促进产学研合作发展的政策建议，为推动我国产学研实现良性发展，为创新型国家的发展做出应有贡献。

1.1.3 研究意义

1. 理论意义

产学研合作研究涉及经济学、管理学、法学等多学科，理论工具包括交易成本理论、产业集群理论、产权理论、三螺旋理论、战略联盟理论、知识经济理论，以及协同理论等。本文在研究中，结合这些理论基础，研究产学研合作的内在机理和发展方向，进一步丰富相关理论研究成果。同时，结合理论研究成果提出的市场驱动型产学研合作理论运行模式和具体政策建议，为深化我国产学研合作提供积极的指导，有助于促进我国产学研合作的良性发展。

2. 实践意义

目前我国正处于创新发展的关键时期，加强落实产学研联合开发工程，以市场动力推动产学研合作，促进经济转型，是顺应我国经济社会发展方式转变、全面落实科学发展观、服务和谐社会建设的客观要求。

创新发展，关键靠产业带动和技术创新，靠人才驱动，靠完善经济结构来实现。本研究通过吸收借鉴美国、日本等科技大国的产学研合作实践，分析我国广东省、江苏省和湖北省不同类型省份的产学研合作推进情况，以及微观主体企业的产学研合作实际，深入分析研究我国产学研合作取得的成绩和存在的问题，这为我国各地区推动产学研合作提供了很多借鉴。同时，本研究在一些关键问题上进行了有针对性的分析并提出了政策建议，这对我国加快推动市场驱动型产学研合作，促进创新体系建设和经济发展具有积极意义。

1.2 国内外相关文献综述

1.2.1 国外产学研合作研究现状

国外产学研合作的发展，经历了高校主导时期、政府主导时期及政府引导和市场驱动相结合时期三个阶段，发展形态已经比较成熟，而相关理论研究，也都具有鲜明的时代烙印，为后续产学研合作的发展提供了理论指导。

1. 高校主导型阶段

这一阶段主要在第一次世界大战以前，是产学研合作思想初步形成时期。产学研合作思路的提出，最早源于学者对大学创办理念的争论。古典的大学观认为，大学的任务就是传授知识，而科研应该另由其他机构来负责。其中的代表人物是英国学者约翰·亨利·纽曼（1852），其代表作是《大学的理念》。随着科学技术的发展，一些学者提出了与传统大学理念不同的观点。19世纪初，德国学者威廉·冯·洪堡提出了“教学与研究相统一”的思路，强调要“以大学为研究中心”，教师的首要任务是自由地从事“创造性学问”。他根据这一新理念，于1810年创办了柏林大学。从此，科学研究成为高等学校的主要功能之一，教学与科研实现了有机的合作。而美国作为新兴的国家，其大学兼具了英国大学注重教学的传统和德国大学注重研究的理念，形成了具有自身特色的风格，从而将学术、产业和市场有机结合，即企业资助高校和研究机构的科研项目，高校和科研机构通过解决技术问题促进企业的产业发展。这些都是产学研合作的早期开端。而真正带来根本变化的是“威斯康星思想”的出现。它提出一种全新的模式，倡导全方位、多角度推行大学教学、科研与社会服务一体化，认为大学的教学和科研只有被社会接纳、能够满足社会需求，才符合办大学的教育本质。这一思想真正将产学研合作的链条连接了起来。当然，在这一阶段，这种模式是以高校为地方经济的单向服务为主导的。1862年，美国颁布了《莫里尔法案》，1914年通过《史密斯—雷佛法案》，由政府提供经费资助产学研合作，支持和鼓励大学与企业进行深度合作，极大地促进了科学技术的快速发展，为社会、为企业界培育出了一批又一批的优秀人才，奠定了美国经济快速发展和国力高速增强的坚实基础。

2. 政府主导型阶段

真正让世人对产学研合作重要性产生全面认识的是两次世界大战中科技创新发挥的极端重要性。源于强化军事力量的需求，使产学研合作得到了全面的重视。在战争时期，单靠某一方面的力量难以促进科学技术的快速发展，难以实现实力的快速提升，因此国家从宏观层面发挥了统领产学研发展、服务军事斗争需要的作用。比如，在第一次世界大战中，英国为摆脱对德国工业的依赖，全面推进了大学与军事工业合作工程，强化技术为战争服务的功能，从而使英国的军事技术实力迅速提升，为最终取得战争胜利做出了重要贡献。第一次世界大战后，英国全社会对产学研合作的重视达到了全新的高度，而且在相当长的时间内，英国都主张从国家层面来推进产学研合作。另一个典型是第二次世界大战中的美国。1940年，在战争的胶着状态中，美国成立了国防研究委员会，负责全面管理二战时期的国家科学研究。随后，美国又在1941年成立科学研究与发展局，将许多高校引入军事研究领域，统一调度全国各方面的科研力量服务战争需要和国家经济发展。战争对新技术的需求促进了高校科研水平的快速发展；而高校的介入，又为军事科技水平的迅猛发展提供了源源不断的动力。高校与产业结合的发展方式日益得到认可，由政府主导的产学研合作迎来了发展的黄金时代。根据当时产学研合作的成功经验，斯坦福大学率先创立大学工业园，这一工业园后来发展成为世界上最著名的高新技术园区——硅谷①，为美国的经济发展提供了强大的内生动力，产学研合作的重要性也得到了全面的认识。与此同时，在战争中大发横财的军火商，充分认识到产学研合作的极端重要性，自觉主动推进产学研合作的意向空前提高，这也带动了更多的市场力量参与到产学研合作中来。

3. 政府引导和市场驱动相结合阶段

第二次世界大战后，人们认识到科技力量对战争局面的重大影响力，重视科技、以科技为先导推动工业化建设成为共识。产学研合作作为科技创新的重要方式，得到了各个国家的广泛重视，各国纷纷将其作为事关国家发展的战略性选择，视之为影响国家综合竞争实力的重要举措，下大力组织高等院校、科研机构和企业进行深度合作，在政策、经费和人才等方面给予强力支持。也因此开始涌现出美国硅谷，日本筑波

① 硅谷 (Silicon Valley) 地处美国加利福尼亚州北部旧金山湾以南，早期以硅芯片的设计与制造著称，因而得名。硅谷是美国重要的电子工业基地，也是世界知名的电子工业集中地。硅谷的特点是以附近一些具有雄厚科研力量的世界知名大学为依托，以高技术的中小公司群为基础，并拥有苹果、英特尔、惠普、思科、朗讯、英伟达等大公司，融科学、技术、生产为一体。

科学城[①]，法国格勒诺布尔科学城[②]等产学研合作的成果。这些科技园区，不仅推动了本国经济的快速发展和成功转型，也成为推动世界经济发展的强大引擎。联合国教育、科学及文化组织也因此把加强产学研合作作为一项重点工作来推动，产学研合作在全世界进入平稳发展时期。随着高新技术的快速发展，产学研合作作为推动创新的重要平台得到了普遍认同。1987年，弗里曼提出“国家创新系统”概念。在弗里曼看来，创新不仅涉及企业、高等院校和科研机构，也涉及国家发展，因此，产学研合作实质上也是一种国家行为，对国家的经济发展和竞争力提升具有巨大作用。产学研合作逐渐成为世界各国技术创新的主要手段。美国高校通过“工业联系项目”，与大批公司建立了固定的技术合作关系，极大提升了企业的创新能力和可持续发展能力。日本企业注重“寻求合作者”，通过加强合作促进技术创新，用了较短的时间实现了技术赶超，极大增长了企业的竞争力。尤其是进入20世纪90年代，美国、日本等发达国家更加重视产学研合作，通过政府引导与市场驱动的有机合作，为科学技术不断实现新发展搭建了重要平台。

1.2.2 国内产学研合作研究现状

我国产学研合作的发展，与我国的经济体制发展变化相适应，前后也经历了三个阶段，但由于起步晚，相应阶段较世界发达国家经历的三个阶段明显滞后。第一阶段是20世纪90年代以前由政府绝对主导的重点项目攻坚模型时期；第二阶段是20世纪90年代初期以来政府主导、鼓励企业参与的发展时期；第三阶段是政府倡导、希望以市场为主体推动产

① 筑波科学城（Scientific Town of Tsukuba）是日本科学研究中心，坐落在日本东京东北约60千米的筑波山麓，总面积约284平方千米。

② 格勒诺布尔（Grenoble）科学城位于法国东南部，主要产业有机器制造、冶金、电机、电子、化学、纺织、造纸等，物理、微电子产业发达，被誉为“欧洲的硅谷”。

学研合作时期。各个时期的模式变化，都与经济体制改革的总体思路紧密相关。

1. 政府绝对主导阶段

改革开放以前，我国实行计划经济体制，绝大多数的事都是“计划”说了算，所以当时的产学研合作毫无疑问都由政府绝对主导，几乎没有民间组织或民间经济体的参与。高校、科研机构都是事业单位，企业基本都是公有制，所以产学研合作，都是在政府全盘统筹的局面下推进的，用于解决重大科研项目的攻关，其中大部分项目涉及军工产业或者重大民生项目。比如学术界和军工企业联合攻关研制“两弹一星”；比如“解放牌汽车”“国产仿制直升机”“五九式仿制坦克”“收音机”等研发项目，都具有鲜明的时代烙印，在当时具有重大社会影响力。我国用了近30年时间，实现了从建国初期连螺丝钉都需要进口到改革开放前国家已经建立起了门类相对齐全的、独立的、比较完整的工业体系的飞跃。在这一时期，国家的产学研布局基本都是以国家层面统一调控为主，比如，依托鞍山钢铁厂建设了鞍山工学院；依据东北军工业基地的布局，哈尔滨工业大学、哈尔滨工程大学相应设立；青岛作为海洋产业基地和海军基地，建立了青岛海洋大学，学科服务产业的指导思想比较明确。这种格局，都是完全在政府的主导下形成的，具有鲜明的行政色彩和地理分布特色，而且其中地理分布更多的是依托自然资源分布状况。改革开放后到20世纪90年代初这一阶段，虽然国家已经从计划经济逐步向市场经济转型，但在过渡时期，我国的高校、科研院所的管理体制仍然没有改变，企业作为市场经济主体的作用也没有得到充分体现，所以产学研合作仍然处于政府绝对主导的阶段，对产学研合作的理论研究也开展不多。

2. 政府逐步引导阶段

为满足我国国民经济发展的需要，国家对产学研合作的重视程度不断提升。1992年，原国家经济贸易委员会、教育部、中国科学院根据中央的政策导向，开始组织实施“产学研联合开发工程”，这对我国产学研合作的推进和理论研究的深化起到了强力的推助作用。1995年，中共中央、国务院正式出台了《关于加速科学技术进步的决定》，提出科教兴国战略，并提出要继续推动产学研三结合，标志我国产学研合作进入全新的历史时期。1999年，中共中央、国务院出台《关于加强技术创新，发展高科技，实现产业化的决定》，提出要根据优势互补、利益共享的原则，建立双边、多边技术协作机制，要加强企业与高校、科研院所的联合协作。一大批学者围绕国家总体战略布局，借鉴国际经验，对产学研合作问题进行了系统研究，积累了大批研究成果，为我国产学研合作在实践中的推进提供了理论指导和实践借鉴。

3. 政府引导与市场驱动相结合阶段

2006年2月，我国颁布实施了《国家中长期科学和技术发展规划纲要（2006—2020年）》，标志着我国产学研合作进入了全面创新发展的新阶段。《纲要》明确提出，要以企业为主体、产学研结合的技术创新体系作为全面推进国家创新体系建设的突破口。值得强调的是，在这一阶段，从国家层面更加注重产学研合作的市场化导向，更加重视企业主体作用的发挥。在良好宏观政策的引导下，我国的产学研合作平台不断创新，高新技术开发区、产业园区等合作平台不断发展，促进了我国高新技术产业的迅猛发展，产学研合作取得了丰硕的成果。

从20世纪90年代以来我国学者对产学研合作的研究来看，研究对象主要为以下几方面：一是产学研合作的主体问题；二是产学研合作的模式问题；三是产学研合作的机制问题；四是产学研合作绩效评价的问题；五是产学研合作存在问题分析及对策研究。

（1）产学研合作主体问题研究。在产学研中，主要利益主体有三方：一是企业，是研发投入的主体、成果转化的主体和创新成果应用的主体，以提高市场竞争力和经营规模为目的。二是高校和科研机构，是成果和技术创新的主体，既有推动社会发展的责任，也有自身发展的内在需求。三是政府，是创造、维护技术创新政策和环境的主体。从研究主体来看，基本上经历了从政府、高校和科研院所再到企业的发展变化。所以，早期研究基本上是以研究政府如何在宏观上提供技术创新政策和环境为主。政府作为宏观调控的主体，即便到了当前，研究政府如何在产学研合作中发挥作用仍然是热门话题。比如张琳（2012）专门著有《产学研合作中政府角色定位研究》一书，对政府如何高效服务产学研合作发展进行了分析，提出了建议。步入21世纪，尤其是国家提出建设创新型国家，提出以企业为主体、坚持市场导向后，学者逐步将研究的主体转向企业。比如科学技术部专题研究组（2006）专门编著《外国政府促进企业自主创新产学研相结合的政策研究》一书，系统介绍了国外产学研合作的一些做法，对外国企业自主创新体系建设过程中的经验和外国政府的相关政策进行分析和总结，为我国科技管理创新提供了借鉴。

（2）产学研合作模式问题研究。合作模式对产学研的影响非常大，在产学研合作研究兴起之初，我国学者更多的是把精力放在基础理论研究和模式研究上，而伴随着产学研合作的深入，越来越多的模式被创新出来，有力促进了产学研合作的发展。陈薛孝，黄小勇，饶庆林（2012）以南昌大学国家大学科技园为例，认为大学科技园对区域品牌提升、信息交流和创新能力提升具有重要作用，可以促进区域经济更好发展。徐烨，陈燊（2013）分析了产业战略联盟的构建，认为产业战略联盟作为一种联合竞争形式，对提升区域科技实力、促进经济发展具有重大意义。王缉慈（2010）根据发达国家的理论渊源，完成了国家自然科学基金重点项目“中国产业集群的理论与实证研究”课题，撰写了《超越集群——中国产业集群的理论探索》一书，从多方面描述了中国产业集聚区的分布格局，探讨了高技术产业集聚区域等产业集群，用实证得出结论，认为企业集群是有利于创新的空间。尹江勇（2013）分析了河南省推进院士工作站建设的情况，认为院士工作站作为产学研合作的重要模式，解决了河南省众多科技难题，对促进全省科技创新、加快科技成果转化、推动产业转型升级、加强优秀人才培养具有重要意义，是区域发展的“加速器”。

（3）产学研合作机制问题研究。何泽军（2012）将产学研合作与企业动态能力提升结合研究，深入分析了合作创新与组织能力提升的关系、合作与企业动态能力的关系、组织间与企业动态能力的关系，认为通过知识管理、惯例演化和组织学习这几种途径，可以实现企业动态能力的有效提升，进而促进企业核心竞争力的提升。李成龙（2011）从知识耦合和互动创新的角度，分析了产学研合作的机制，提出耦合—互动创新的管理机制。许观玉、颜柏林（2007）运用产业集群理论，系统分析了产学研联盟内在的形成机理，并结合上海产学研联盟发展的状况，提出了依托科技园区、技术开发区和知识创新区等产学研联动区域系统的建设，为产学研联盟提供可持续发展条件的政策建议。

（4）产学研合作绩效评价研究。绩效评价无疑是产学研合作研究中的一个关键问题，但国内对此还没有较为统一的认识。范德成（2009）等从投入产出的角度，构建了产学研结合技术创新绩效评价指标体系，并通过对全国30个省市实证分析，提出了发展意见建议。李梅芳（2011）从利益分配、文化价值、沟通与联络、风险投资等四个方面分析了产学研合作的影响因素，提出了产学研结合的系统动力学模型，并对提升产学研合作成效提出了具体建议。段晶晶（2011）基于企业产学研合作绩效进行研究，分析了固定报酬、按提成支付、混合支付以及按股权分配四种绩效分配模式，并提出了委托模式和合作模式下进行的博弈选择。

（5）产学研合作存在问题分析及对策研究。普遍认为目前我国产学研合作中主要存在以下几方面关键问题。一是产学研合作三方的协同程度还不高。胡恩华（2002）认为，大学和科研院所作为技术供给方，所取得的相当一部分科研成果与市场需求相脱节；企业作为技术需求方，自身消化吸收能力有限，有效需求也不足，从而形成企业的需求和高校、科研机构的供给存在相互脱节的问题。二是市场化程度还不高。张琳（2012）认为我国产学研合作中研发资金的来源结构不够合理，与发达国家相比，政府投资仍然偏大，企业投资比重还不够到位。三是政府提供公平交易秩序上仍然还有较大提升空间。张琳（2012）认为政府职能需要进一步调整定位，要尽量减少政府“越位”行为导致的科研资源配置低效率问题；而对基础研究等公共性程度较大的产学研合作项目，则要提高政府参与程度；要进一步简化程序、加强监管、强化激励，通过重新定位政府职能，促进政府对技术合作激励作用的发挥。四是公共服务平台体系还不够健全。公共服务平台体系不够健全导致科技成果转化率偏低，据中国科技发展战略研究小组研究，我国发明专利转化率不到15%，产业化率低——产业规模累计在1000万元以上的产业化率不足10%，大学和科研院所的专利转化率更是低于企业的专利转化率。付俊超（2013）认为我国科技转化服务平台存在多方面问题，比如规模小、数量少、服务体系不健全，直接导致我国科技成果转化率低于世界发达国家平均水平。随着我国经济体制改革的不断深化，国内学者对产学研合作研究的方向、视角和主题也更加多元。

1.3 研究内容及研究方法

1.3.1 研究内容

本文分为七个部分。

第一章为导论。对文章的选题背景、研究目的和研究意义做了简要说明，对国内外相关的研究进行系统的归纳和梳理，进行述评，并介绍了本文的主要研究内容、研究方法、创新点和不足之处。

第二章为市场驱动型产学研合作基础理论。对政府主导型和市场驱动型产学研合作进行了分类，并以交易成本理论、创新理论、知识经济理论、产业集群理论、三螺旋理论、战略联盟理论和“经济人”理论等为基础，结合国外和国内理论界的研究成果，研究分析基础理论与产学研合作之间的内在机理，为产学研合作提供系统的理论指导。

第三章为市场驱动型产学研合作运行理论模式和典型实践探索。从项目确立、人才配备、资金引进、管理方式、利益驱动机制和结果检验等角度进行分析，构建市场驱动型产学研合作的运行理论模式，并进行实践探索。实践探索从宏观角度分别介绍广东省、江苏省和湖北省推进产学研合作的情况，从微观角度选取一家上市的高新技术企业进行项目分析，并分别总结提炼项目特色和借鉴意义。

第四章为市场驱动型产学研合作的国际借鉴。介绍美国、日本、韩国和其他发达国家推进产学研项目的情况，进行特色分析，总结提炼国外产学研合作给我们带来的启示。

第五章为我国产学研推进现状、问题与成因。概括总结我国产学研推进的现状，指出目前存在的主要问题并进行原因分析。

第六章为推进市场驱动型产学研合作发展的政策建议。结合国内外推进产学研合作的成功经验和理论探索，提出具有前瞻性、可操作性的政策建议。

第七章为结论与展望。

1.3.2 研究方法

1. 文献研究

为深入研究我国市场驱动型产学研合作的情况，丰富相关理论研究成果，本文系统查阅了相关文献资料，并重点围绕交易成本理论、创新理论、知识经济理论、产业集群理论、三螺旋理论、战略联盟理论和“经济人”理论等进行基础研究。

2. 规范分析方法

综合运用经济学、管理学等相关学科的基本理论及分析方法，对产学研合作相关理论及研究机制进行了分析和梳理。

3. 定性与定量相结合

为了保证本文论点有力，论据科学，采用了定量与定性相结合的研究方法，从理论与现实出发，进一步寻求理论支持，运用多种手段确定实证研究的框架，综合运用经济学和管理学的研究方法，对产学研合作进行深度研究。

4. 宏观研究和微观检验相结合

一是根据理论基础，构建了市场驱动型产学研合作的运行模式，并通过具体的宏观和微观案例进行实践探索研究。二是依托官方公布数据，进行系统性宏观研究，并对分析结论进行检验，为本选题的研究和撰写提供支撑。

此外，在本研究中还需要运用最优分析、成本分析和统计分析等方法。

1.4 本文创新点与不足

1.4.1 创新

1. 本文将市场驱动型作为产学研合作的理论和实践研究对象，研究视角新

根据可查阅的资料，国内外学者研究产学研的动力机制、绩效评价、创新机理和运行模式的居多，但是从市场驱动的角度进行产学研合作研究的很少。

2. 本文提出市场驱动型产学研合作的运行模式，研究模式上有创新

本文从项目确立、人才配备、资金引入、合作主体利益驱动机制和结果检验等五个方面构建了市场驱动型产学研合作的运行模式，体系很完整。这对推进实施市场驱动型产学研合作的发展具有积极的意义。

3. 本文从市场驱动型角度提出了具体的建议，对推进产学研合作的方式方法有不少新的补充和完善

传统的学术休假重点在于利用休假时间为教师和科研人员提供进修提升科研和教学能力的机会，本研究建议的学术休假制度重点在于鼓励具有科研成果的科研人员利用休假时间面向市场进行成果转化和创业发展，为高校和科研院所R&D（Research and Development，研究与开发）人员参与研发、进行创业提供方便。部分具有创业发展能力的科研人员具有强大的发展爆发力，应努力为其提供环境和条件，鼓励其进行市场化发展，以促进我国产学研合作实现新突破。

4. 本文注重系统性研究，产学研合作保障系统比较完整

本文在研究过程中，充分强调了政府在宏观政策导向、保证市场交易秩序上的特殊作用，主张在资金支持和资金金融创新等方面下功夫，着力搭建丰富的、适应产学研合作的各类中介和服务平台体系，进一步完善风险投资体系，严格按照市场规律，建立适合企业、高校和科研人员的利益机制，从宏观和微观环境两个层面入手，构建了比较完整的产学研合作运行保障体系。

1.4.2 不足

本研究重点从市场驱动的角度，提出了产学研合作的运行模式和具体建议，从理论研究的角度来说，注重了描述性分析，但对制度创新和基础理论研究不够深入。

本研究结合美国、日本、英国和德国等发达国家的产学研实践，分析我国产学研合作的现状和问题，但对问题的分析还不够深入，对问题产生的根源还有待进一步的挖掘剖析。

2 市场驱动型产学研合作基础理论

2.1 主要概念界定

2.1.1 产学研合作概念界定

国外称产学研合作为“公共研究与产业研发的合作（其中公共研究包括大学研究和由政府管辖的研究机构的研究）”“产业—大学合作”“公私合作”“学产官三重螺旋”等。我国对产学研合作的研究起步比较晚，20世纪90年代，国家加大科技创新力度，相继提出了“产学研合作”“产学研联合”“官产学研联合”“官产学研金联合”等说法。按照一般的解释，“产”主要指产业，是生产与服务的提供者；“学”指大学或学院，一般指的是高等院校，是知识与技术的提供者，也是人才培养的主要基地；“研”则主要指科研院所等研究机构，是知识或技术的提供者，同时也是人才培养的重要基地。

产学研合作本质上是两个或两个以上不同性质的机构之间基于不同目的而进行的不同形式的合作。合作的目的可能是战略协同、战略联盟，也有可能是资源互补、知识转移或创造、成果转化、技术创新等。合作的形式可能是共建实体组织，也可能是契约合作。

2.1.2 产学研合作类型

产学研合作的类型，从本质上讲主要分为两类，一类是政府主导型产学研合作，一类是市场驱动型产学研合作。

1. 政府主导型产学研合作

政府主导型产学研合作指在产学研合作推进上，政府以强有力的计划和政策，通过政府主导的资源配置等方式，对产、学、研等相关合作方施加影响，以达到某种短期和长期增长目标的经济模式。在政府主导型产学研合作模式中，项目的选择、人员的配备、管理方式和考评机制等都由政府来决定，市场主体在其中处于从属的状态。政府主导型产学研合作具有三个方面的特点：一是资金投入由政府主导，政府在资金投入中发挥了关键作用；二是政府负责协调产、学、研等相关利益主体的关系，由政府负责搭建合作平台或者由政府引导产学研合作主体搭建平台；三是政府本身成为巨大的市场主体，政府对产学研合作绩效有强烈的需求。从本质上讲，政府主导型产学研合作既有积极意义，也有天然弊端。积极意义主要表现为在市场化程度还不高、社会经济发展基础还比较薄弱的环境条件下，由政府主导产学研合作可以发挥集中力量办大事的优势，发挥政府在资源整合、人才配备、政策推进和宣传动员等方面的强大优势，实现项目的快速推进。西方发达国家早期推进的产学研合作，也大多是政府主导型为主，在重大项目攻坚上更是必须依赖国家主导的合作平台。我国改革开放后，尤其是2000年后的近10年，产学研合作迅猛发展，促进了国民经济的飞速发展，与政府强力推进有着很大的关系，这个也成为“中国模式”的重要内容之一。天然弊端也同样突出，政府作为公共服务平台，同时仍然作为重要的利益主体，拥有强烈的利益需求，必然导致市场发展发生扭曲，出现不公平等现象，压制了相关市场主体的发展，不利于调动市场因素积极性的发挥；同时由于

“政府失灵”的客观存在，当政府决策发生错误时，必然出现效率低下、资源浪费等问题。这在我国的实践中普遍存在。

2. 市场驱动型产学研合作

市场驱动型产学研合作指在产学研合作推进上，以企业为主体，充分发挥市场在资源配置上的主导作用，通过市场机制，调节产、学、研等利益相关方的关系，以达到某种短期和长期增长目标的经济模式。市场驱动型产学研合作已经成为世界上发达国家推进产学研合作的主要模式，具有蓬勃的生命力。同时，以市场驱动型为主推进产学研合作，也是市场经济发展的内在要求。通过发挥市场的作用，可以有效避免“政府失灵”问题，使产学研合作在项目确定、人才配备、资金引入、管理方式改变和利益机制等方面都由市场说了算，由市场来决定资源配置的方式，从而最大限度提高合作效率，促进市场发展。当然，市场驱动型产学研合作也存在一定的弊端，一些重大的项目容易受到经济主体经济承受能力限制等影响，因此涉及国计民生等重大基础项目的产学研合作，其由政府主导更容易实现。

总体而言，政府驱动型产学研合作与市场驱动型产学研合作各有利弊，也各有重要作用。从当前经济发展体制来看，即使是主张市场完全自由的资本主义国家，在历经几次金融危机，尤其是受到2008年国际金融危机的冲击后，也逐渐认识到适度发挥政府宏观调控经济发展作用的特殊重要性。但市场经济发展和改革的目标仍然是要充分发挥市场在资源配置中的决定性作用，以市场驱动型为主应该是产学研合作的主要方式。必须始终坚持市场的导向，以企业为主体，深化产学研合作，为我国社会经济发展提供不竭动力。当然，从世界和中国的实践来看，要想实现稳健可持续发展，必须妥善处理好政府主导型和市场驱动型两者之间的关系。一般而言，充分竞争的领域，产学研合作要充分发挥市场驱动的作用，而对涉及国家战略和长远发展的重大基础研究项目，仍应发挥政府集中力量办大事的优势，由政府出面搭建平台推进发展。要求市场在投资大、回报周期长的重大基础研究项目上发挥决定作用显然是不现实的，也是不符合市场经济发展规律的。

2.2 市场驱动型产学研合作主要理论

2.2.1 交易成本理论

交易成本理论无疑是产学研合作最基础的理论，不论从哪个角度研究，都会涉及交易成本理论。交易成本理论是英国著名诺贝尔经济学奖得主科斯①提出的，其根本论点在于对企业的本质加以解释。1937年，科斯发表了《企业的性质》一文，在经济学界首次使用“交易成本”分析企业存在的原因及扩展规模的界限问题。他认为，企业也是一种资源配置的有效手段。当企业开展某些活动的成本比市场交易的成本还要低时，就会通过内部管理来开展这些活动，这是企业存在的根本原因，即通过把交易转移到企业内部来减少市场的交易成本。同时，不同企业之间进行合作会涉及利益分配问题，故要达成一项交易，需要议定契约、监督合约执行情况、买卖双方讨价还价，并要了解与生产者和消费者相关的供求信息等，这个过程中产生的获取准确市场信息的费用、谈判和经常性契约的费用，就是所谓的“交易成本”。而到底选择市场来交易还是选择在企业内部进行交易，取决于交易成本大小。由交易成本理论

① 罗纳德·哈里·科斯（Ronald H. Coase）是新制度经济学的鼻祖，1991年诺贝尔经济学奖的获得者。科斯对经济学的贡献主要体现在他的两篇代表作《企业的性质》和《社会成本问题》之中，科斯首次创造性地通过提出“交易费用”来解释企业存在的原因及企业扩展的边界问题。

又直接衍生出交易费用理论。科斯从微观经济学的角度，将交易（非市场的供需双方）看成经济分析的基本组成单位，认为市场并购之所以发生，是因为交易能够降低企业的成本。交易费用理论的提出，从深层次阐述和解释了企业存在的问题，并对产学研合作的机理研究产生深刻影响。

我国的部分经济学家也对交易成本理论进行了研究和补充。张五常（2000）认为，所有的组织成本都是交易成本，包括信息成本、谈判成本、拟定和实施成本、界定和控制产权的成本、监督管理的成本和制度结构变化的成本。樊纲（1992）对交易成本进行了细化。他认为，交易成本其实很大一部分甚至主要一部分是因为信息不完全，需要获取更多信息而产生的，两者具有重合的部分，但又不完全一致；同时由于道德、意识形态等在经济中起作用，在一个社会的一定时期内，道德水平越高、人们越诚实和讲信用，整个社会所需要付出的交易成本就越少。

那么，产学研和交易成本之间，又有什么关系呢？分析认为，随着社会的发展，尤其是在知识经济时代和信息时代，高校、科研院所与企业之间的相互需求程度更高，互相补充、互相促进的效果更加明显。比如：高校可以向企业提供优秀人才，为企业在科技成果转化、技术资讯等方面提供多元化、立体化的服务，同时又能通过企业在经费支持、实践锻炼等方面受益，从而促进学校的学科建设、能力建设、学生培养等方面更符合社会需求。科研院所根据自身科研优势，与企业深度合作，帮助企业研究和攻克行业技术难题，推进技术产业化水平，既可以有效实现技术推广，取得经济效益和社会效益，又可以深度了解行业发展现状和技术需求，把握住技术发展的方向。企业通过合作，可以在人才引进、技术创新、产品研发、科技实力提升等方面获得比较竞争优势。以技术转化为主要源泉，高校与工业企业间的密切合作已经成为全球化发展的趋势和要求。可以说，产学研合作的实质，是一种以知识和技术流通为特征的交易活动。既然产学研合作是一种交易活动，就有交易成本问题。各合作方可通过深化合作、资源整合、优势互补、扬长避短，达到降低交易成本的目的。因此说，产学研合作作为一种制度设计，可通过降低交易成本形成规模效应。

2.2.2 创新理论

创新理论最早由熊彼特（1912）提出。他认为创新与企业生产密切相关，企业家在推进创新中具有特殊的重要作用。熊彼特等学者的创新理论经过几十年的演化，逐步形成了以创新理论为基础的创新经济学理论体系。在其后的理论研究中，创新经济学理论发展成为以技术变革、技术推广为对象的技术创新经济学和以制度变革和制度形成为对象的制度创新经济学。这两个分支的学术理论对当代社会经济的发展产生了十分深远的影响。

罗伯特·默顿·索洛（1957）在《技术变化和总量生产函数》一文中，推导出了经济增长速度方程，分析了技术进步的作用，指出经济增长中技术进步所做的巨大贡献。他认为，技术创新是经济增长的内生变量，是经济增长的基本因素；同时，适当的政府干预将极大地促进技术创新的进行。他因此建立了著名的技术进步索洛模型，专门用于测度技术进步对经济增长的贡献率。索洛模型在经济学领域中经常得到运用。

美国经济学家兰斯·戴维斯和道格拉斯·C·诺斯（1971）利用新古典经济学理论中的一般静态均衡和比较静态均衡方法，对制度创新做了较为系统的阐述。该理论认为，技术创新需要与制度创新相结合，制度创新是技术创新的保证，技术创新促进制度创新的发展。他们因此提出促成制度更新的三大主要因素：规模经济性、技术经济性和预期收益刚性。规模经济性指通过市场规模扩大和商品交易额的增加，促进制度变革，从而有效降低经营管理成本，以获取更多经济利益。技术经济性指伴随着生产技术的发展，企业规模得到不断扩大，从而推动企业家有更大的积极性去推进制度创新，以获取更多潜在的经济利益。预期收益刚性指为防止自己预期收益的下降而采取的制度变革措施。

克里斯托夫·弗里曼（1987）对创新理论的提升发挥了重要作用。他通过对美国等发达国家和经济体进行实证分析，对创新理论进行了系统化的发展提升。弗里曼认为，熊彼特把创新作为企业家的行为的看法不全面，在现代国家，往往是由国家创新系统推动技术进步，而不是单靠企业或企业家就可以实现的。在国家统一的创新系统内，各有关部门和机构相互作用，相互影响，相互促进，而企业与科研机构、高校之间技术与信息的流动是整个国家创新活动的关键所在。

公认的创新型国家标准有四个方面：一是研发投入。按照一般发达国家的标准，研发投入（即R&D支出）占GDP的比重一般在2%以上，研发投入的增长对国家推进创新具有重大意义。二是科技进步贡献率。符合创新型国家标准的国家，其科技进步贡献率一般都达70%以上。我国现阶段科技进步贡献率低于60%，距离创新型国家的标准还有较大差距。三是对外技术依存度。国家的自主创新能力强，对外技术依存度就低，国家的自主创新能力弱，对外技术依存度就高。创新型国家在技术创新方面具有显著领先优势，其对外技术依存度指标通常在30%以下。我国现阶段大部分技术还需要进口，尤其是关键技术掌握在外国人手中，这对我国的产业发展是极其不利的因素。因此国家积极鼓励企业、高校和科研院所加大科技研发，着力提高自主创新能力。四是高新技术产业发展情况。创新型国家高新技术产业产出高，技术市场成交额大，工业化程度相应也高。我国近年来高新技术市场发展比较快速，以高铁和通信等为代表的新技术逐步走向世界，对我国建设创新型国家起到很好的推助作用。目前世界上公认的创新型国家有20个左右，包括美国、日本、德国、芬兰、韩国等。这些国家的创新综合指数明显高于其他国家，研发投入占GDP的比例均超过2%，部分国家甚至高达4%，科技进步贡献率在70%以上，所获得的三方专利数占世界数量的绝大多数。目前我国仅有江苏、广东等少数省份研发投入占GDP比重超过2%，研发投入不足成为影响我国科技创新发展的重要瓶颈。

随着我国改革开放进程的深入和国家对自主创新认识进一步提高，建设创新型国家逐步提上日程。1995年，我国第一次明确提出了科教兴国发展战略。2006年初召开的全国科技大会提出自主创新、建设创新型国家战略。我国出台了《国家中长期科学和技术发展规划纲要（2006—2020年）》（2006）和《关于深化科技体制改革加快国家创新体系建设的意见》（2012）等纲领性文件，对推进国家创新体系做了详细部署，标志着我国建设创新型国家的进程进入新的历史节点。

根据国家创新系统理论，企业与科研机构、高校之间技术与信息的流动是创新活动的关键，而这就是所谓产学研合作。产学研合作作为国家创新系统中的重要机制，在国内外都得到了一致认可，被认为是促进经济增长和转型的一种新的合作创新方式，实践检验也取得了较好的成果。我国要建设创新型国家，就必须进一步深化产学研合作。通过产学研合作，实现和促进科技创新不断深化，从而为经济发展提供源源不断的内生动力。目前，政府主导型产学研合作仍然是我国创新的主要方式，这对处于起步阶段的我国产学研合作创新起着较好的引导和促进作用，可实现创新资源的有效配置，培育新的经济增长点，提高国家竞争力。但从长期来看，市场驱动型和政府主导型两种模式要处于合理的比例，各自充分发挥作用，才能更好地推动创新体系建设，促进经济增长和发展转型。

创新驱动发展的思想成为全社会的普遍共识。实施创新驱动，建设创新型国家，人才是根本。创新驱动的实质就是人才驱动。因此，必须努力提升国民创新素质，培养和打造一大批创新型国家需要的人才，营造良好的创新环境，建立有利于创新、能够促进创新活动的制度法律，全民共同努力，推动创新型国家建设稳步发展。而产学研合作被证明在创新人才培养上具有重要的、不可替代的作用。

2.2.3 知识经济理论

知识经济的缘起与新经济增长理论有关。进入20世纪中后期，世界经济增长对知识的生产、扩散和应用的依赖越来越严重。美国经济学家保罗·罗默（1986）和罗伯特·卢卡斯（1988）提出了新经济增长理论。罗默在1986年的《政治经济学期刊》（*The Journal of Political Economy*）上，提出了内生经济增长理论，建立了内生经济增长模型，把知识完整纳入经济和技术体系之内，将其作为经济增长的内生变量。他同时提出了四要素增长理论，即新古典经济学中的资本和劳动（非技术劳动）外，又加上了人力资本（以受教育的年限衡量）和新思想（强调创新，用专利来衡量）。诺贝尔经济学奖得主卢卡斯的新经济增长理论则将技术进步和知识积累重点地投射到人力资本上，其发表的《论经济发展机制》为新增长理论的产生奠定了基础。在文中，卢卡斯提出了两个内生增长模型：人力资本外部性模型和“干中学”的外部性模型，他认为，特殊的、专业化的、表现为劳动者技能的人力资本才是经济增长的真正源泉。

而知识经济（The Knowledge Economy）一词最早在1990年由美国的一个信息学研究所提出。1996年，经济合作与发展组织明确把未来的经济定义为以知识为基础的经济（The Knowledge-based Economy）。[①]经济合作与发展组织认为，在知识经济时代，知识将成为经济增长的主要源泉和动力。知识指人类社会所创造的一切知识，其中包括科学技术、管理和行为科学的知识。这与传统的经济增长理论中注重劳动力、资本、原材料和能源，认为知识和技术是影响生产的外部因素不同，新理论认为知识才是增长的主要动力源泉。所以说，知识经济是信息社会发展的产物，是随着信息技术和微电子技术的不断发展而出现的一种经济形式。

我国学者对知识经济的研究也比较早。吴季松（1998）博士出版的《知识经济》，被公认为是“我国学者首部论述知识经济的专著”。从1998年到现在，根据中国知网的统计数据，我国对知识经济理论的研究成果超过10万篇。王俊华（2008）在其发表的《论知识经济是创新经济》中指出，知识经济是人类发展到更复杂阶段的实际表现，知识经济依靠的是人类最复杂的功能——人的智慧即创新，或者说，知识经济是创新经济。路甬祥（1998）院士提出，知识创新是技术创新的基础，是新技术和新发明的源泉，是促进科技进步和经济增长的革命性力量。知识创新为人类认识世界、改造世界提供新理论和新方法，为人类文明进步和社会发展提供不竭动力。当前，我国知识创新能力较弱，知识创新对技术创新的支持能力不足，组织实施知识创新工程是提高知识创新能力的战略措施，也是建设国家创新体系的关键环节。

知识经济的兴起，使知识上升到社会经济发展的基础地位，知识和技术创新被认为是人类经济、社会发展的重要动力源泉。进入21世纪，信息技术已经被各个领域广泛应用，而且对政治、社会、经济、文化等

① 经济合作与发展组织于1996年发表了《以知识为基础的经济》一文，将知识经济定义为建立在知识和信息的生产、分配和使用之上的经济。

方面也产生了更为深刻的影响。因此，知识的生产、学习、创新和应用就成为人类最重要的活动之一，成为时代发展的主流，以高科技信息为主体的知识经济体系，显得更为重要。毫无疑问，产学研合作恰恰是推进知识经济快速发展、构建国家创新体系最重要的平台。因为高校和科研院所是知识生产和创造的主力军，为国家和社会发展提供源源不断的动力，成为实现经济发展转型的重要力量；而企业是知识应用的主体，通过实践的应用和推广，使知识成为企业发展原动力，为社会创造财富，同时提出新的需求，为高校和科研院所提供资金平台等途径，促进知识的生产、创新等活动，从而实现了良性循环。

知识经济的发展，给中国的经济发展和转型注入更大的活力，带来更好的发展机遇。大力构建产学研合作的良好机制，推动产学研合作稳步发展，是大力发展知识经济的有力手段和重要载体，它将有利于我国优化经济结构、保护生态环境、促进协调发展、提高人口素质等，有利于国家创新体系建设，更好地实现中国梦的伟大目标。

2.2.4 产业集群理论

西方经济学研究对产业集群理论早有相关描述。著名经济学家马歇尔（1890）提出了“内部规模经济”和“外部规模经济”两个重要概念。在马歇尔看来，在特定区域内，通过某种产业的集聚发展和协同创新，可以有效降低该区域内生产企业的整体成本，这就是外部规模经济效应。这一理论与科斯的交易成本理论相互辉映，通过产业集群可以使成本降低，从而使这种发展模式得到市场的追捧，因而也可以说外部规模经济促进了企业集群的发展。

在对美国“硅谷”等高技术产业综合体实践的研究基础上，一些学者在20世纪80年代提出了新产业区理论。该理论认为，决定国家（地区）或者企业高新技术产业发展状况最主要的因素是与发挥人力资本潜力相关的经济组织结构和文化传统等社会环境因素，而不是物资资本的数量与质量。比如，美国“硅谷”成功的奥秘在于其拥有一个良好的有利于创新、有利于人才成长的文化生态环境。而创新环境理论则认为，通过企业聚集，相关主体可以共享大规模生产和技术以及组织创新的好处，这种好处在单个企业中是不可能存在的。这些学者也因此强调创新行为的协同具有重要作用。

产业集群理论是20世纪90年代由美国哈佛商学院学者迈克尔·波特提出的。他认为，在一个特定区域的一个特别领域，集聚着一组相互关联的公司、供应商、关联产业和专门化的制度和协会，通过这种区域集聚形成有效的市场竞争，构建出专业化生产要素优化集聚洼地，使企业共享区域公共设施、市场环境和外部经济，降低信息交流和物流成本，形成区域集聚效应、规模效应、外部效应和区域竞争力，同时还对提高经营效率、改进激励方式、创造集体财富等有积极影响，有助于企业建立新的比较竞争优势。

日本学者青木昌彦（2001）从企业治理角度，深入探讨了企业集群发展问题，他提出的锦标赛制度，成为研究集群理论的一个新方向。

我国学者钱颖一（2000）认为，企业集群区是创业公司的“栖息地”，他用“栖息地”概念解释了集群企业的竞争优势。郭金喜（2009）在系统研究产业集群理论后认为，产业集群的存在有三个方面的依据：一是外部经济效应——集群内企业间高度分工协作，有效提高生产效率，促进整个集群获得外部规模经济效应；二是空间交易成本节约——集群内企业地理相邻，有助于建立信任和协作关系，相对于垂直一体化或远距离的企业联盟而言，集群企业在生产和协作方面的效率更高；三是有助于相互学习和促进创新——企业地理位置邻近使不同企业间既重视协作，也强化竞争和学习，因此产业集群有助于提升企业的学习能力，促进创新发展。王缉慈（2010）根据发达国家的理论渊源，完成了国家自然科学基金重点项目“中国产业集群的理论与实证研究”课题，撰写了《超越集群——中国产业集群的理论探索》一书，从多方面描述了中国产业集聚区的分布格局，探讨了高技术产业集聚区域等产业集群，以实证得出结论，认为企业集群是有利于创新的空间，而其缘由为地理邻近和社会根植两组效应。

集群理论对我国产业布局和产学研合作发展具有深刻的影响。1985年，我国决定推进科技体制改革，推动科技与经济结合，鼓励科技人员创办企业，并鼓励和支持建设科技园区。1988年，我国实施“火炬计划”，建设和发展高新技术产业开发区是“火炬计划”的重要内容之一。1991年到1992年，我国先后建立了51个国家高新区，拉开了我国高新区全面、蓬勃、可持续发展的序幕。经过几十年的发展，目前我国已经进入产业集群发展的关键阶段，产业集群发展成为区域发展的重要模式和重要支撑，也被地方政府作为促进区域经济增长和转型升级的重要方式。

产学研合作与集群理论密切相关。高新技术开发区的设立和发展，离不开产学研合作的促进和拉动。产学研合作，强化了技术引进和技术创新，密切了产、学、研合作主体之间的交流，从而有效提高了发展效率。同时，根据集群理论，产学研合作主体之间也大多选择地理位置相邻的单位进行，既提高效率，又降低成本，这也是大多数产学研合作的主要对象选择模式。在我国的实践中，也出现了跨区域合作的现象，部分发达省份的企业选择与北京、上海等著名高校和科研机构合作，从实际运行来看并不矛盾，为提高运营效率，这部分高校或科研机构大多选择到当地建立研究院等模式加快技术和知识输出，从本质上讲也是遵循了集群理论的特点和要求。总体而言，在区域发展中利用集群理论指导实践，应注重强化产学研合作。通过深化产学研合作，可以有效促进技术、知识和资本引进，促进创新，从而有效提升集群发展的质量，实现发展高效率和结构更优化的目标。

2.2.5 三螺旋理论

直接将自身研究领域与产学研合作相结合最紧密的理论无疑是三螺旋理论。三螺旋概念最早发端于20世纪50年代，当时的生物学领域对这个现象给予了关注。亨利・埃茨科威兹（1995）将这一概念用于研究产学研合作领域，提出了官产学三螺旋的著名理论创新，用以分析和解释知识经济时代政府、产业和大学之间的非线性、新型互动关系。在知识经济时代，政府、企业和大学是内部创新制度环境的三大要素， 三者按照市场的规律运行，结合自身需要，为达成某种短期或长期的目标而联结起来，从而形成了三种力量交叉影响的三螺旋关系，这就是三螺旋理论。这一种非线性的创新模型的提出，立即在国际学术界引起很大反响，被认为是继熊彼特的国家创新系统理论之后，创新研究中的新领域、新范式。

在亨利・埃茨科威兹和勒特・雷德斯道夫看来，在三螺旋理论中，不用刻意强调政府、产业和大学之间谁是这一非线性模型的主体，三者是一种合作关系，为了短期或长期的共同利益，共同为社会创造价值和财富。在这过程中，政府、产业和大学三方合作主体都可以成为动态体系中的领导者、组织者和参与者，每方在运行过程中除保持自身的特有作用外，可以部分起到其他机构范围的作用，三者相互作用、互相促进，互相影响，合作共赢。

三螺旋理论本身是一种创新模型。它以产业、大学和政府之间的互动为基础，三者之间的关系既有横向循环，又有纵向演进。我国学者结合产学研合作的推进和国家创新体系建设的总体方向，对三螺旋理论进行了系统研究。方卫华（2003）认为，三螺旋模式揭示和描述了创新系统中出现的制度力量的新结构，他系统地阐释了三螺旋要求新制度结构安排的本质和各方关系不断转变的特征。一些学者则提出“国家理论创新三螺旋模式”、建设创新型大学和创业型大学的思路，对三螺旋理论进行丰富和发展。

三螺旋理论得到广泛认可主要基于三个方面的原因：第一，在知识经济时代，政府和社会对技术创新、知识传播和成果转化的重视程度不断增强，促进了高校、科研机构和企业产业发展的深度融合，客观上密切了三者的合作关系；第二，在知识经济时代，知识具有强烈的溢出效应，促进大学—产业—政府关系的融合，在社会经济发展中起到至关重要的作用；第三，第一次世界大战和第二次世界大战给世界各国以巨大的警醒，在战后重建和发展中，西方发达国家强力推进产学研合作，促进了本国经济的快速发展和综合实力的显著增强，各国政府一方面积极在政策制定上发挥作用，一方面致力于保护、促进高校和科研机构与产业进行协同发展、深度融合，以促进技术创新、成果转化、产业发展等科研和创新活动实现良性循环。

三螺旋理论对产学研合作的重要意义在于，它充分肯定了企业、高校和科研机构、政府三者在推进产学研合作中的主体作用，三者各自根据自身状况发挥主观能动性，或者根据发展的现实需要强化配合协同，最终达成短期或长期的共同发展目标。但结合市场发展的现实情况，在促进产学研合作中，以政府主导为主还是以市场驱动为主，成为判别产学研合作市场化程度的一个重要标志。最好的结果毫无疑问是三方各自在自己效率最高、作用最大的领域起主导作用，有利于实现协同发展、全面发展的目标。

2.2.6 战略联盟理论

战略联盟的概念，最早由美国DEC公司总裁简·霍普兰德和管理学家罗杰·奈格尔提出，随即在整个实业界和理论界引起强烈反响。战略联盟指两个或两个以上有着对等经营实力的企业（或特定的事业和职能部门），为达到共同拥有市场，共同使用资源等战略目标，通过各种协议、契约而结成优势互补、风险共担、要素水平多向流动的合作伙伴（或松散的网络组织形式）。罗焰，黎明（2009）认为，战略联盟是一种新的合作竞争方式，也是一种整合优势资源的重要方式，如联合技术开发、合作生产与后勤供应、分销协议、合资经营等。我国学者李国津（1994）在《跨国公司的战略联盟及其对我国企业国际化经营的启示》中指出，战略联盟是两个或两个以上的经济实体为了实现特定的战略目标而采取的共担风险、共享收益的联合行动。林季红（2003）提出，战略联盟既不是普通的市场交易关系，也不是一体化，而是一种组织创新，兼有组织和市场的优势，可以在保持成员相对独立性的情况下，提高资源的利用效率和战略的灵活性。战略联盟与产学研合作密切相关，其动因主要包括：提高竞争力、分担风险并获得规模和范围经济、防止竞争过度。

随着社会的发展进步，经济与科技融合的进程不断加快，面对日益激烈的市场竞争，单一依靠自己的力量发展已经被认为不可取，产学研合作则被认为是比较有效的战略联盟，通过结成战略联盟，可实现多赢局面。郭大成（2009）认为，这种联盟指以企业为主体，以市场需求为导向，以高校和科研机构为主要技术依托，以政府、中介机构和行业协会为补充、通过技术入股、地界合作契约等形式建立的优势互补、互惠共赢的长期战略合作伙伴关系。这也被称为产学研用合作创新联盟。产学研战略联盟能够有效聚集学术、科研、产业等各界的优势资源，集中力量对国家、社会和企业的重大科技项目进行攻坚，突破行业和产业发展的技术瓶颈，对加快产业结构转型升级与技术进步具有积极的推动作用。近年来，我国产学研用合作创新联盟在各地蓬勃发展。广东省形成了包括白色家电、数字家庭、铝镁轻金属材料和清洁生产等31个行业产学研用合作联盟，每个联盟均由多家高校、科研院所和广东多家行业骨干企业组成。类似这样的产学研合作战略联盟在我国越来越多。

产学研合作是一个复杂而开放的系统，正是由于孤立的旧结构不能达到增长目标，才会采用战略联盟合作的形式，通过开放系统的物质、信息等交流，进行全方位合作，从而实现互利互补，合作共赢。以市场驱动的产学研战略联盟，立足于行业社会和企业自身发展的现实需要，技术方向与国家产业战略和社会发展的总体趋势高度吻合，它们的深度推进，必然有利于促进科学技术创新和产业发展，从而有力地推动产业结构转型升级和经济发展方式转变，为我国国民经济发展和综合国力提升发挥积极的促进作用。

2.2.7 “经济人”理论

“经济人”假设是英国经济学家亚当·斯密的关于劳动交换的经济理论。亚当·斯密（1776）认为，人的本性是懒惰的，必须加以鞭策；人的行为动机源于经济和权力维持员工的效力和服从。美国工业心理学家道格拉斯·麦格雷戈（1960）在《企业的人性面》一书中，提出了两种对立的管理理论：X理论和Y理论。X理论就是对“经济人”假设的概括。在麦格雷戈看来，多数人天生懒惰、不负责、自私自利，他们只会为了满足个人生理需要和安全需要工作，因此只有采取严格的管理、制订强制性措施加强控制和惩罚，并利用金钱和地位的刺激，才能使他们更好工作。

随着社会经济的发展和经济学研究成果不断丰富，人们对“经济人”假设的理解变得更为立体，更与现实接近。经济学家们通过对实践的研究，发现在一定条件下，有时通过制度规范的威慑，有时是道德水平的提高，有时是自我意识的觉醒，更多的人并非完全自私自利，他们既有自利性的一面，也有利他性的自觉，两者同时存在。越来越多的人意识到，追求个人利益最大化与追求公共利益最大化并不矛盾，共赢的思维得到了更多人的认可。因此，经济学对“经济人”假设边界更加清晰，这对深化管理具有重要意义。从管理上讲，对人的判断不能绝对化，一方面要以人为本，尊重人作为社会主体的合法权益；另一方面要注意把个人利益和公共利益结合起来，实现双赢或多赢。

“经济人”理论的演变与市场经济理论密切相关。市场经济的支持者通常主张，人们所追求的私利其实是一个社会最好的利益。市场经济是一种经济体系，在这种体系下产品和服务的生产及销售完全由自由市场的自由价格机制引导，而不是像计划经济一般由国家引导。市场经济和计划经济都是资源的配置方式，在市场经济里并没有一个中央协调的体制来指引其运作，但是在理论上，市场会通过产品和服务的供给和需求产生复杂的相互作用达成自我组织的效果。

“经济人”理论对产学研合作的指导意义在于在推进产学研合作的进程中，要充分关注合作主体的不同利益诉求，尊重其合理利益诉求，力争实现各合作方的多赢共赢。要严格按照市场的基本规律办事，尽量减少行政干预，由市场决定合作的方式、合作的内容和合作的管控，合作成果由市场来检验。因此，构建市场驱动型产学研合作模式是十分必要的。

2.3 本章小结

产学研合作不仅仅是一个概念，它已经成为推进企业、高校和科研机构科技创新和成果转化的有效途径。交易成本理论、创新理论、知识经济理论、产业集群理论、三螺旋理论、战略联盟理论和“经济人”理论等为产学研合作提供了重要的研究理论基础。根据交易成本理论，产学研作为一种制度设计，可通过降低交易成本形成规模效应。根据创新理论，创新是经济社会发展的内生动力，构建国家创新体系，打造创新型国家，是适应时代发展变化的必然要求。根据知识经济理论，在当今社会，知识才是社会发展和经济增长的主要动力源泉，在知识基础上形成的科技实力成为国家、企业最重要的竞争力，而产学研合作，是知识在不同系统中流动、形成科技实力的有效载体，必然对促进创新体系建设和社会经济发展、提升综合竞争实力发挥至关重要的作用。产业集群理论集合了交易成本理论、创新理论和知识经济理论等内涵，对促进产学研合作交易成本降低、创新发展效率提高具有特殊意义。三螺旋理论、战略联盟理论则直接为产学研合作提供了组织形式和空间合作的理论研究基础，产学研合作的多方主体，基于不同的利益和目的，根据一定的内在机制组合在一起，如何更好地协同融合、更好地发挥合作效益，是一个重要的问题。“经济人”理论则重点从市场化的角度，提出市场化发展产学研合作的重要意义。在市场经济条件下，必须遵循市场主体的客观利益需求，发挥市场在资源配置中的主体地位和决定性作用，充分发挥市场这只“看不见的手”的作用，用市场的方式发展市场，用市场化的结果检验合作成果。当然，发挥政府这只“看得见的手”也非常重要，关键是政府和市场这“两只手”，应该有一定的合理比例，最大限度发挥两者在资源配置中的有效作用，促进经济社会创新发展，成功转型。

综合以上理论，本文想传递这样的信息：产学研合作涉及企业、高校和科研院所、政府等利益相关方，在合作的过程中，相关利益主体要从战略发展的角度，努力降低交易成本，通过深化协同，促进创新，以知识创新和成果转化为社会经济的发展和转型提供动力源泉。在深化产学研合作的过程中，既要发挥政府在宏观调控、环境创造、政策配套等方面的积极作用，更要遵循市场的原则，尊重相关利益主体的正当权益，以市场为资源配置主体，提高产学研合作的效率和效果。市场化程度是经济转型的重要指标之一，市场驱动型产学研合作的深度推进，是国家和地区经济转型的重要体现。因此，要构建一套合理的、具有可操作性的市场驱动型产学研合作运行模式，为国家经济社会发展提供服务。本文将依托上述理论基础，对市场驱动型产学研合作的理论与实践进行深入研究。

3 市场驱动型产学研合作运行模式和典型实践探索

3.1 市场驱动型产学研合作运行模式

从项目运行的角度分析，主要包含项目确定、项目人才配备、项目投资、利益驱动机制和项目结果检测五大方面，要用市场驱动的理念贯穿其中，发挥最佳效益。

3.1.1 项目确定

项目确定是产学研合作的基础，相关利益方因共同的目标而达成共识，结合战略同盟管理，进行协同发展。项目确定必须遵循市场化选择的原则，由市场说了算，除涉及国计民生的重大基础项目需要从宏观上把握而由政府推进、主导外，一般的项目尽量减少政府干预和介入。市场驱动型产学研合作项目的选择应符合几个基本原则。

一是选择熟悉的行业项目。熟悉行业才能更好地了解市场。比如，从事生物制药的企业，其项目选择一般都是两个方向：第一个是生物制药的新品种，原有的科研人员、厂房、设备和市场资源均可以有效利用，借助原有平台，投入可以适度减少；第二个是与医疗领域相关的项目，因为长期参与市场竞争，熟悉市场需求，对市场判断把脉比较准确，同时原有的市场渠道可以借用，能够快速打开市场。近年来，国家鼓励对医疗器械的研究与创新，这方面的市场需求也非常旺盛，不少制药企业迅速拓展这一领域的项目，取得了不错的市场业绩。当然，介入不熟悉的行业项目的，进行更充分的市场调研，通过合伙人等制度引入熟悉市场者，也能达到准确把握市场的目的。

二是选择适合自己能力的项目。搞科研具有投入大、周期长、风险高的特点，超出自己的能力选择项目，容易半途而废，甚至把企业拖垮。同时也要考察合作高校和科研机构科研人员的实力水平，要具有一定的基础才有可能把项目做好。在实践中有不少失败的案例，一些科研实力很强的高校或科研机构与企业合作，项目进展比较顺利，但企业的综合实力不够强或生产经营出现重大变动，使项目难以为继，最终项目搁置。有些企业和科研能力比较弱或科研工作不扎实的人员合作，项目推进拖拉散漫，最终贻误发展机遇，非常可惜。因此，选择适合自己能力的项目对产学研合作的各方来说，都是非常重要的。

三是选择能够突出自己优势的项目。产品占领市场靠的是竞争优势，这个优势包括市场的优势、客户的优势、渠道的优势、信息的优势、成本的优势、模式的优势和技术的优势等。自己具有哪方面的优势，要认真分析清楚，然后再根据竞争优势制订符合市场发展的市场战略和产品或服务。比如，上海新兴医药股份有限公司作为国家高新技术企业，长期从事生物制药血液制品领域的产品生产和研发工作，其在产品种类、生产工艺等方面都具有行业领先优势。一般的血液制品公司，在单位血浆中仅能提取白蛋白和凝血酶合物等少量组分，其余均浪费了。但上海新兴医药股份公司可以将单位血浆进行多组分分离，其中一种重要的组分可以用来生产人凝血八因子，是治疗乙型血友病的特效药。该公司因此重点攻关人凝血八因子项目，通过生产销售该产品，该公司单位原材料创效能力将增加30%以上。

四是选择具有较好发展前景的项目。产学研合作作为创新体系的重要载体，要在新技术创新上寻找发展出路，因此选择具有前瞻性和市场制高点的项目至关重要，也是保持企业长久市场竞争力的必然选择。要从全球、全国发展的视角，攻坚新材料、新能源、新工艺、新模式项目，从而获得显著的领先优势。在美国完成IPO的阿里巴巴公司，于20世纪90年代中后期前就致力创建最便捷的交易渠道，先后建立了领先的消费者电子商务、网上支付、B2B网上交易市场及云计算业务，形成了全球领先的开放、协同、繁荣的电子商务生态系统，也造就了一个庞大的商业体。

3.1.2 项目人才配备

习近平强调，坚持创新驱动实质是人才驱动。产学研合作，对人才的要求更高。必须具备一定的专业技能，能够进行创造性劳动，可以做出突出贡献的高素质人员，才能符合产学研合作项目运行的需要。根据战略性人力资源管理的一般要求，战略、组织结构和人力资源三者之间对目标的达成均至关重要，并形成“目标=战略×组织机构×人力资源”的公式。

对于产学研合作项目的人才配备来说，要坚持市场化的导向，要让市场在人才配置中起决定性作用。从新经济增长理论来看，在知识经济时代，经济增长最持久的动力源泉在于知识的生产和人力资本的积累所带来的技术进步，这是经济增长的核心源泉。

对人才市场化，要把握几个关键点。一要观念领先。要把人才引进和配置上升到事业成败、长远发展的高度来重视，落实“一把手”工程，由主要经营者从市场发展、企业发展和项目发展的角度招募优秀人才。二要高端引领。人才具有“聚集效应”和“低素质队伍惰性”（何华沙，2011），要从长远发展的高度，加快形成一支具有一定规模、富有创新精神、敢于承担风险的创新型人才队伍，切实用好、吸引、培养好人才。三要机制灵活。科技人才不同于一般劳动者，要根据这一群体的特性，在吸收引进、培养锻炼上下功夫，建立适合科技人才发展需要的机制体制。要按照市场价值规律，制订有竞争力的薪酬方案和服务保障方案，实现人才成长与企业发展的双赢。

3.1.3 项目投资

项目投资是项目运行和推进的基础条件，没有项目投资，一切都等于零。

项目投资市场化是发展的必然要求。按照市场资源配置的要求，市场化项目投资中要注意几个基本问题。一是“谁投资、谁决策、谁受益、谁承担风险”。二是要发挥市场投资主体作用。政府投资要从一般性投资项目中退出，由市场主体自主承担投资责任。三是要创造公平环境。对所有投资者一视同仁，公平竞争。四是要丰富投资品种。除了继续完善以银行融资为主的间接融资体系外，更要积极培育和发展规范、透明、高效的资本市场，通过扩大债券、股票发行等途径，逐步提高直接融资的比重，拓宽企业自主投融资渠道。

3.1.4 产学研合作主体的利益驱动机制

产学研合作的利益主体，一般为三方面，一是企业，二是高校或科研机构，三是政府。企业通过成果转化、产业化占领市场，获得市场份额和经济效益；高校或科研机构通过产学研合作，提供人才、技术和研发支持，获得科研资助，完成科研项目，同时还可以通过项目培养人才，分享项目收益，实现良性滚动发展。通过产学研合作促进经济社会的发展，解决税收、就业、经济增长等问题，对政府来说是喜闻乐见的。因此，产学研合作一向受到各方面的欢迎和支持。

产学研合作作为一种经济行为，除了会形成交易成本外，也必然会产生经济利益。这种利益包括项目的效益收益，即利润、科技成果（技术专利）、半成品或产品等可以度量的物质利益，也包括社会效益等隐性利益，比如品牌、声誉、社会影响力等。显性利益与隐性利益互相促进，互相作用，都是产学研合作各利益主体的动力源泉。

产学研各合作主体的利益必须以健全合理的机制为保障。没有合理的利益分配机制，合作难以推进，合作效率也会很低下。政府主导型产学研合作由政府大包大揽，容易忽略合作主体的正当利益需求。从“经济人”假设来看，每个合作主体都会努力追求自身效益最大化，因此必须构建科学合理的机制，既要充分保护单方合作主体的利益，更要保护好集体合作利益，使各利益相关方之间达到平衡，实现合作共赢。利益回报的方式一般有三种。一是固定回报，即明确达成目标后给予固定的报酬；二是按提成回报，即根据项目的收益，按一定比例给予报酬；三是股权回报，即成立股份公司，各合作方分别用资金、技术、人才等入股，按照事先约定的比例确定股份。从市场发展的趋势看，股权回报是比较受欢迎的，也是激励效果最好、持续最长久的办法。但在实际操作中，往往是多种回报方式混合使用，比如项目推进到一定阶段，企业可以先给予科研合作方一定报酬，解决科研合作方的资金需求问题，而到项目完成后，各方再依据股权享受权益。

利益驱动机制的设计必须遵循四个方面的原则。一是公平合理原则。按照投入产出比，在合约上明确各方的权利和义务，各自根据自己的付出获得公平的回报，合约中不能存在不平等的条款，这是合作的基础。二是收益风险匹配原则。风险收益匹配就是各合作主体承担的风险与获得的收益应成正相关关系。从总体看，在产学研合作中，企业所承担的风险要比其他合作方多，因此在最终收益上也应相应多。三是向技术倾斜原则。在产学研合作中，企业虽然承担了更多的风险，属于抗风险弱势一方，但知识技术作为重要的生产力，具有无形的特点，科研人员的积极性多一分，创造性也会相应增加。因此，在设计利益驱动机制时，可以适度向科研人员倾斜，因为对企业而言可能比较微小的一点利益，对科研人员则是巨大的利益驱动，能够激励他们创造出更大的活力和更多的效益。四是集体协商原则。产学研合作作为一个系统，具有自组织的特征，不同的利益主体为实现共同发展目标而结成战略同盟，合作过程中会面临许多复杂问题，必须保持良好的沟通协调机制，在重大问题面前要坚持实事求是，以集体利益为先，兼顾考虑各合作主体利益，通过协商解决问题。

3.1.5 项目结果检测

项目完成后，要进行结果检测，也叫结果评价。对不同的项目，一般会有不同的评价指标。从常规来看，常用指标如下所述。

项目进度情况。项目是否在计划时间内完成既定进度，提前还是延误？进度指标很关键，反映了项目的推进情况和完成效果。而且，与时间相关的还有资金成本、管理成本、人工成本、市场机会等，如果按计划顺利完成，则表明进度圆满，达到预期目标；提前则说明效率提高，对企业来说还意味着综合成本降低和更多的市场机遇；延误则说明效率低下，严重的话有可能因为延误而增大成本和导致市场被抢占，使整个项目最终没能达到预期效果甚至失败。

项目收益。项目收益是在经济上的体现，一般用利润和投资回报率来体现。利润总额的多少体现了规模效益的大小，利润率的高低又反映了行业发展水平。一般的行业都会有个基本的利润率水平，参照行业平均水平可以判断合作的效果如何。投资回报率主要是考虑了资金的投入产出比，比例越高，说明项目越成功，效果越好。

科技成果。作为产学研合作项目，科技成果是考核项目结果的重要指标，其中包括产品生产批号、专利技术、论文发表等。科技成果数量越多、实现成果转化项目越多，说明合作效果越好。

市场占有率。项目完成后的市场占有率，反映项目的市场竞争力及产学研合作的效果。

人才培育。人才素质提升是产学研合作成效的重要检测标准，不论是企业还是高校或科研机构，都在产学研合作中推行“干中学”的模式，通过合作平台培养队伍，为可持续发展打好基础。这个指标虽然不是很好量化，但是人才的工作熟练度、职称评定、获得荣誉等，都可以直观反映产学研合作效果。

3.2 我国市场驱动型产学研合作实践的典型探索

3.2.1 广东省市场驱动型产学研合作研究

1. 广东省产学研合作基础条件

广东省是我国第一个提出产学研合作概念的省份，也是我国市场经济改革的前沿阵地和市场化程度最高的省份之一，其产学研合作具有良好的基础，在全国各省市排行中也处于领先位置。研究我国市场驱动型产学研合作，广东省是不能错过的样本。

（1）高等教育基础比较扎实。据广东省统计年鉴（2013）数据，2012年，广东省拥有各类高等院校134所，其中全国211及985工程高校4所，2012年在校大学生超过161.68万人，R&D人员62.9万，全省招收博士后679人，拥有院士105人，享受国务院政府特殊津贴人员151人，高级职称23 000人。[①] 高等教育基础比较扎实，这为全省的发展提供了强有力的支持。

（2）科研优势比较明显。根据中央关于把广东建设成为“国家重要的高新技术研究开发基地和成果转化基地”“当好排头兵”等精神，广东省高度重视科研工作和成果转化工作。2010年，广东创新的经济绩效和创新环境等综合指标排名全国第一，知识创造能力和获得能力、企业技术创新能力等综合指标也位居全国前列；从1995年起，广东专利申请量和授权量连续11年居全国首位。2012年，全省拥有国家工程实验室8家，省级工程实验室46家，国家工程（技术）研究中心23家，国家地方联合创新平台31家；已建立省级工程研究中心1 088家，国家级企业（集团）技术中心74家，省级企业技术中心591家（不含深圳）。

（3）高新技术产业带发展迅猛。广东省拥有全国著名的珠江三角洲高新技术产业带。多年来，广东省高新技术产品产值保持20%~30%的高速增长。2005年，全省高新技术产品产值首次突破1万亿元，高新技术产品出口额达到835.8亿美元，占全国总额的38%，保持多年位列全国第一。2012年，广东省高新技术企业达8 000家，是全国拥有高新技术企业最多的省份，当年高新技术产品产值4.5万亿元，比上年度增长15.1%。[②]

① 数据来源：广东省统计局《广东省2013年统计年鉴》，载广东省统计局网站（http://www.gdstats.gov.cn）。

② 数据来源：广东省统计局，国家统计局广东调查总队《2013年广东国民经济和社会发展统计公报》，载广东省统计局网站（http://www.gdstats.gov.cn）。

（4）观念思路比较开放。作为全国改革开放的前沿阵地，广东省高度重视科技创新和产学研合作，努力建设创新型省份，着力促进产业结构优化升级，鼓励创新、支持创新、容忍失败的创新文化在广东流行。相关部门根据产学研合作发展的需要，出台了一系列制度文件，并积极与教育部、科技部等建立省部合作，在政策体系、组织体系、服务体系和投入体系等方面均走在全国前列。从市场化程度看，广东省一直排在全国各省市前列，2007—2009年均排名第四。①市场化程度水平较高，促进了广东省经济发展全面繁荣。

2. 广东省产学研合作主要模式

广东省积极落实创新型国家发展战略，着力以产学研合作为突破口构建技术创新体系。自1989年起，广东省国内生产总值在我国31个省市排名中连续占据第一位，成为我国第一经济大省，经济总量占全国的1/8，为我国经济规模最大、经济综合竞争力最强的省份。在国家创建创新型国家的战略布局中，广东省无疑要继续承担先行者、开创者的重任，为全国经济发展转型、提升国家核心竞争力贡献力量。在多年的探索和实践中，广东省形成了高层次、全方位、可持续的产学研合作格局，其省部共建产学研战略联盟、高新技术开发区、科技园区、产业技术研究院等产学研合作模式均取得了良好的发展成果，其实施的高校和乡镇对接等合作模式在全国属于首创，实现了产学研合作横向到边、纵向到底的深化，极大促进了产学研合作的稳健发展，对全国各地推进产学研合作具有积极的借鉴参考价值。

（1）建立省部产学研战略联盟。省部产学研战略联盟的模式在广东省首先落地生根。2005年9月，广东省、科学技术部、教育部联合建

① 数据来源：广东省统计局，国家统计局广东调查总队《2013年广东国民经济和社会发展统计公报》，载广东省统计局网站（http://www.gdstats.gov.cn）。

立全国首个省部合作的先行示范区，率先实施了省部联合的产学研合作工程。省部联合有助于广东省站在全局的高度统筹规划产学研合作，有效利用国家部委在政策支持、资源整合等方面的优势，结合自身发展实际进行工作布局，较好地实现优势互补和资源共享，是一种高层次的产学研合作模式，在全国具有领先优势。

（2）建立联合创新平台。广东省内的部属高校、省属高校分别与广东地方政府、企业联合建立了20多家研究院、研发基地、国家重点实验室和工程中心分支机构等技术创新平台，进一步完善了广东区域创新体系。

（3）高校与地方整体对接模式。高校与地方建设整体对接是广东省产学研合作全面深入的重要体现之一。仅佛山市各级政府就与全国50多所高校、科研院所签订了长期合作协议，开辟了高校服务地方经济的新领域，有效提高了广东县域经济和民营经济的竞争力。值得强调的是，佛山的高校与地方对接，并不局限于广东省内高校，而是面向全国各地高校，武汉理工大学、吉林大学、北京大学、清华大学、中国科学院等都与佛山有密切合作。

（4）校地共建大学科技园。大学科技园是联结大学与产业界的重要桥梁和纽带。通过大学科技园，可以实现大学资源与社会资源有效对接和优势互补，这种产学研深度合作的模式已经成为推动区域经济发展的重要力量。广东省一直以来非常重视大学科技园的建设和发展，经过十多年的努力，大学科技园已成为广东省大学科技成果转化、支撑行业技术进步的良好平台。几乎每个省内大学都建立有科技园，比较著名的有中山大学、暨南大学、华南理工大学、深圳大学的科技园等。同时，广东省还首创了深圳虚拟大学科技园，按照“多校一园、市校共建”的模式，吸引了清华大学、北京大学、中国科学院和中国工程院等50多所国内外机构在园区设立研究院和相关机构。

3. 广东省市场驱动型产学研合作成效

（1）提高了企业创新能力和竞争力。根据对100多家企业的调查统计，广东省与大学和科研机构合作数量增加的企业占77%。企业投入产学研专项资金项目中的研发人员从2007年的3 470人次增长到2012年的1.2万人次。在产学研专项的撬动下，企业不断加大对产学研的投入力度。2006年，广东省R&D经费中的企业资金为288.62亿元，占全省R&D经费的92.20%；到2010年，企业资金增至750.85亿元，占全省R&D经费的比重提升到92.84%。企业获得国家项目的数量明显增长，有效发明专利量和PCT国际专利申请量继续保持全国第一；企业获得科技奖励数远超省内高校和科研机构，2008年以来获奖数达100件以上。三项专利申请和授权量大幅增长（见表3-1），体现了自主创新能力的显著增强，产学研合作取得了丰富的成果。其中，2003年国内专利申请受理量为43 186项，2012年国内专利申请受理量达到229 514项，9年增长4.31倍，年均增幅为20.39%；2003年国内专利申请授权量为29 235项，2012年国内专利申请授权量153 598项，9年增长4.25倍，年均增幅为20.24%。2011年之前，广东省三项专利申请数量和授权量长期排在全国第一位。

表3-1　广东省三项专利申请数量和授权量（2006—2012）

年度 内容	2003	2004	2005	2006	2007	2008	2009	2010	2011	2012
国内专利申请受理量（项）	43 186	52 201	72 220	90 886	102 449	103 883	125 673	152 907	196 272	229 514
国内发明专利申请受理量（项）	6 181	8 093	12 887	21 351	26 692	28 099	32 247	40 866	52 012	60 448

续表

年度 内容	2003	2004	2005	2006	2007	2008	2009	2010	2011	2012
国内实用新型专利申请受理量（项）	12 985	14 682	18 951	23 886	25 389	28 883	39 027	47 706	67 333	78 731
国内外观设计专利申请量（项）	24 020	29 426	40 382	45 649	50 368	46 901	54 399	64 335	76 927	90 335
国内专利申请授权量（项）	29 235	31 446	36 894	43 516	56 451	62 031	83 621	119 343	128 413	153 598
国内发明专利申请授权量（项）	953	1 941	1 876	2 441	3 714	7 604	11 355	13 691	18 242	22 153
国内实用新型专利申请授权量（项）	7 921	9 307	11 017	15 644	21 636	25 072	27 438	43 900	51 402	65 946
国内外观设计专利授权量（项）	20 361	20 198	24 001	25 431	31 101	29 355	44 828	61 752	58 769	65 499

数据来源：国家统计局《国家统计数据》，载国家统计局网站（http://data.stats.gov.cn）。

（2）提升了服务经济社会发展能力。共吸引了310多所高校、330余家科研机构与广东省各类企业进行产学研合作，其中境外高校23所，国内省外高校187所，211高校86所，占全国211高校的74.14%，985高校37所，占全国985高校的94.87%。一些高校根据广东省经济发展的需要，主动调整学科结构，使学科专业设置与产业结构调整相契合、人才培养结构与人力资源需求相匹配。如中山大学成立“中山大学先进技术研究院”，大力推动面向产业的应用开发研究。华南理工大学先后增设核工程与核技术等26个与广东省现代产业发展相适应的学科专业。一些高校把服务企业与经济发展作为评价的重要标准纳入对教师的考核体系。

（3）促进了广东省技术创新体系建设。在产学研合作的有力推动下，广东省高新技术产业发展迅猛，成果卓著。知识创造、知识获取、企业创新、创新环境、创新绩效等创新链条逐渐畅通。广东省R&D经费总量由2006年的313.04亿元增加至2011年的1045.5亿元，全省R&D占GDP的比重也从2006年的1.19%提升到2011年的1.98%。2012年广东省高新技术企业5 936家，位居全国首位，产值100亿元以上的高新技术企业（集团）超过50家。广东省高新技术产业产值连续16年居全国第一。技术市场交易金额从2006年的114.68亿元上升至2009年的247.68亿元，增长率达115.97%。2007—2012年，广东省创新能力始终处于全国领先水平，“创新绩效”指标2007—2012年均排名全国首位。

（4）促进广东省经济快速发展和结构转型。产学研合作的有序推进，有力促进了广东省的经济发展和结构转型（见表3-2）。1979至2013年，广东省连续34年生产总值年均以两位数的速度增长，稳居全国首位。广东省自1989年起，一直为中国经济规模最大、经济综合竞争力最强的省份。到2013年，广东全省生产总值62 164亿元，比上年增长8.9%，是1993年3 469亿元的18倍，是2003年15 844亿元的4倍；人均生产总值58 540元，是1993年5 085元的11.5倍，是2003年17 798元的3.3倍。现代产业体系建设成效明显，2013年第一产业比重为4.9%，第二产业比重为47.3%，第三产业比重为47.8%，其中第三产业超过第二产业比重，是全国第一个第三产业比重超过第一和第二产业的省份，发展结构更趋合理，发展更加稳健。[①] 2006—2013年，广东省R＆D经费从313亿元增长到1 400亿元，7年间增长347%，年均增长率为23.96% ，R＆D经费占GDP比重从1.18%增长到2.25%，年均增长9.66%，从2012年起R＆D经费占GDP比重超过2%，达到创新型的标准，表明广东省的创新驱动战略达到了较高水平。技术市场成交额从107亿元增长到536亿元，增长了近5倍，年均增长率为25.88%，技术市场成交额占GDP比重从2006年的0.40%增长到2013年的0.86%，表明广东省的高新技术产业蓬勃发展，为广东省经济的发展做出了较大贡献。

表3-2　广东省主要经济指标一览（2006—2013）

项目 年度	GDP（亿元）	第一产业增加值（亿元）	第二产业增加值（亿元）	第三产业增加值（亿元）	技术市场成交额（亿元）	技术市场成交额占GDP比重	R＆D经费（亿元）	R＆D经费占GDP比重
2006年	26 588	1 532	13 470	11 586	107	0.40%	313	1.18%
2007年	31 777	1 696	16 005	14 077	133	0.42%	404	1.27%
2008年	36 797	1 973	18 502	16 321	202	0.55%	503	1.37%
2009年	39 483	2 010	19 420	18 053	171	0.43%	653	1.65%
2010年	46 013	2 287	23 015	20 712	236	0.51%	809	1.76%
2011年	53 210	2 665	26 447	24 098	275	0.52%	1 046	1.97%
2012年	57 068	2 847	27 701	26 520	365	0.64%	1 202	2.11%
2013年	62 164	3 048	29 427	29 689	536	0.86%	1 400	2.25%
年均增长	12.90%	10.33%	11.81%	14.39%	25.88%	11.56%	23.86%	9.66%

数据来源：国家统计局《国家统计数据》，载国家统计局网站（http://data.stats.gov.cn）；科学技术部《中国科技统计数据》，载中国科技统计数据网站（http://www.sts.org.cn）。

① 数据来源：国家统计局《中国统计年鉴（1993）》《中国统计年鉴（2013）》，载国家统计局网站（http://data.stats.gov.cn）。

4. 广东省市场驱动型产学研合作启示

（1）要建立需求驱动的顶层设计机制。广东省从产学研合作推进上，立足国情省情的高度考虑问题，其出发点和落脚点均具有全局视野，能够更好与教育部、科学技术部、中国科学院、中国工程院等部门或科研单位进行统筹谋划，有效克服地方政府在跨区域整合创新资源方面存在的局限，为省部产学研合作奠定更为扎实的基础。比如，成立了全国首个省部产学研结合协调领导小组，联合出台了《广东省教育部科技部产学研结合发展规划(2007—2011年)》《广东省人民政府教育部关于加强产学研合作提高广东自主创新能力的意见》《广东省人民政府中国科学院全面战略合作规划纲要(2009—2015)》等多项政策文件，在发展规划、财政税收、科技补贴、人才培养和平台建设等产学研合作相关工作方面出台了相应的管理制度，有效地促进产学研合作工作的深入推进。

（2）要建立多层次多主体协同合作机制。在广东省推进产学研合作的过程中，逐步形成了省市、校地和校企等多层次联动，地方政府、高校、企业、研究机构和中介服务等多主体协同的机制。按照要求，广东省每个县市都成立了产学研合作领导小组，由政府主要领导担任组长；多所高校设有产学研合作领导小组，由高校主要领导担任组长。产学研合作领导小组专门负责协调产学研合作事项，无论是政府部门还是高校，在产学研合作上的组织体系均比较健全，使全省在产学研协调机制上形成多层次、多主体的开放联动格局，这在全国其他省市是不多见的。

（3）要建立点线面结合的系统推进机制。产学研合作是一个复杂的系统工程，只有构建点线面立体结合、系统推进的工作机制，才能更有效地调集资源、提高合作效率。广东省为此要求，以派驻企业科技特派员并鼓励建设特派员工作站、企业院士工作站等为点，以建设产学研合作创新联盟为线，以建立产学研结合区域示范基地、专业镇为面的产学研合作推进模式，形成点线面结合的系统推进机制，示范带动广东省产学研合作工作向纵深发展。其中，“点”上的合作主要包括项目、人才和企业、高校和研究机构的互动支持，重在突破解决一些企业或高校、科研院所急需的关键技术问题；“线”上的合作则是要通过产学研创新联盟的建立，围绕创新链和产业链布局，重点攻关以突破行业中存在的关键共性技术；“面”上的合作主要是通过创建示范基地和专业镇，综合协调和解决区域内的发展问题。

（4）要以市场需求为产学研合作的动力源泉。广东省的市场化程度在全国处于领先水平。为更好地推动产学研合作发挥最大作用，既要发挥政府这只“看得见的手”的作用，更要发挥市场这只“看不见的手”的作用。广东省产学研合作牢牢把握市场需求的导向，以企业为主体，保证了合作的成效。2006—2013年，广东省搭建了1 600多个各类创新平台。其中，广东省企业与省内外重点高校、科研院所共建了包括东莞华中科技大学制造工程研究院、深圳清华大学研究院、深圳先进技术研究院在内的20余所面向区域经济的高水平综合性研究院，以及近1 200家企业研发中心和276家服务中小微企业创新创业的创新平台。此外，还在各企业新建了18家省级重点实验室，134家院士工作站和101家企业科技特派员工作站。同时，将示范基地的建设逐步转由行业协会来组织，这在全国也是很少的。

3.2.2 江苏省市场驱动型产学研合作研究

1. 江苏省产学研合作基础条件

江苏省近年来坚持科技兴省的发展战略，以创新驱动发展，经济发展速度保持较高水平，一直紧追广东省。产学研合作的迅猛发展，使其依靠创新驱动实现发展的战略逐步变成现实。

（1）教育产业基础雄厚。2013年，江苏省共有普通高校131所，普通高等教育本科招生43.95万人，在校生达到168.45万人，毕业生47.38万人；研究生教育招生4.8万人，在校研究生14.59万人，毕业生4.03万人；高等教育毛入学率达48.6%，在全国处于遥遥领先水平。[①] 教育产业基础雄厚，无疑对促进产学研合作起到至关重要的作用。

（2）R&D活动比较活跃。2013年，江苏全省拥有中国科学院和中国工程院院士93人；全省从事科技活动人员108.05万人，其中R&D人员60.96万人，人员数量排名全国第一。R&D活动经费1 430亿元，占地区生产总值的比重为2.42%，占比在全国排名第一。已建国家和省级重点实验室102个，科技服务平台303个，工程技术研究中心2 480个，企业院士工作站337个，经国家认定的技术中心74家。

（3）对创新发展比较重视。作为沿海发达省份，江苏省市场化程度比较高，在对外开放等方面走在全国前列。江苏省2008年和2009年市场化指数均排名全国第二，市场化程度达到比较高的水平。江苏省高度重视创新驱动发展，开展了创新型省份试点工作，从2009年起，江苏省区域创新能力跃居全国第一，成为最具创新活力的发达省份。[②] 高度重视培育和发展具有重要战略意义的高新技术产业，结合全省产业发展实际，确定10大战略性新兴产业重点发展。2013年，全省高新技术产业产值占规模以上工业的比重达到38.5%。根据创新发展的需要，2013年江苏省又进一步成立省级产业技术研究院以加快产学研合作步伐。

2. 江苏省产学研合作主要模式

除了常规的大学科技园、校企联盟、产业技术创新战略联盟、博士

① 数据来源：江苏省统计局《江苏省2013年统计年鉴》，载江苏省统计局网站（http://www.jssb.gov.cn）。

② 中国科技发展战略研究小组. 中国区域创新能力报告（2009）[M]. 北京：科学出版社，2010.

后工作站等模式外，江苏省在产学研合作上推进了不少具有全国领先优势和长远战略考虑的模式。

（1）产学研联合创新资金。产学研联合创新资金是江苏省向纵深推进产学研合作的重要举措。重点用于支持江苏省重大创新载体建设、产学研前瞻性联合研究项目和高校科技成果转化服务中心建设等三个方面。其中，重大创新载体建设主要是国家和省级高新区围绕重点创新型园区建设目标，联合国内著名高校、科研院所共同建设，为产业集聚和高端发展提供支撑，具有鲜明特色，体现国际先进、国内一流创新水平的重大创新载体，以引导高校、科研院所创新资源向高新区集聚，为海外留学人员来江苏创新创业提供重要创新平台，实现高新区以创新驱动发展、创新引领发展的战略性转变。产学研前瞻性联合研究项目主要是鼓励企业出资，主动介入高校、科研院所的早期研发，联合开展重大基础性原始创新和前瞻性研究，引导高校、科研院所积极围绕市场，贴近产业需求，寻求企业联合开展项目研究。高校科技成果转化服务中心建设主要是支持江苏省高校建立从事科技成果转化的服务机构，促进高校与企业之间的技术转移，加快科技成果转化与产业化。江苏省设立产学研联合创新资金后，企业、高校和科研机构的合作层次更高，合作内容更广，创新的氛围更加活跃，逐渐成为江苏省的重要产学研合作方式，有力促进了江苏省技术创新体系的发展。

（2）产学研合作成果展示洽谈会。从2007年开始，江苏省已经成功举办了多次产学研合作成果展示洽谈会，这在全国是少有的产学研合作交流促进平台。截至2013年底，江苏省企业与国内980多所高等院校和科研院所建立了产学研合作关系，过去5年累计实施产学研合作项目高达5.5万项。仅2013年召开的第四届产学研合作成果展示洽谈会，就有国内近80所高等院校和科研院所的200多个专家团队、省内1 500多家企业参加，展示的最新科技成果近1 000项[①]。而2009年召开的第三次产学研合作成果展示洽谈会，共有省内外1 500多家单位参加，发布投融资需求2 000多项，展示最新科技成果2 000多项[②]。从产学研合作成果展示洽谈会的成功召开，可以看出江苏省产学研合作市场的活跃程度，这对江苏省实施创新驱动发展战略，建设创新型省份具有积极的促进作用。

（3）专业化产业科技园。根据产业集群理论，江苏省和科学技术部、原国家卫生和计划生育委员会、原食品药品监督管理总局等联合创建了泰州中国医药城，通过集聚一大批在医药产业上相互关联的公司、供应商和关联产业，强化了政府、企业和产业的融合，逐步形成区域产业集聚效应，着力打造全球医药产业高地和人才高地。从2006年开始，泰州中国医药城已集聚国内外50多家知名大学和医药科研机构，引入了400多家著名医药企业落户，成功审批通过400多项国内外一流的医药创新成果；近2 000多名海内外高层次人才落户创业，26人入选国家“千人计划”。泰州中国医药城在全国医药行业的发展中处于领先地位，产学研合作在医药城内蓬勃开展。

（4）产业技术研究院。为促进产业集群发展，江苏省将产业技术研究院作为深化产学研合作的重要模式。产业技术研究院的主要职能是根据企业和区域科研发展的现实需要，组织精干力量针对前沿性理论进行研究，着力解决和突破产业发展中遇到的各类共性技术问题，促进产业稳健发展。从2010年开始，江苏省启动产业技术研究院建设计划。根据产业集群创新发展的需求，在产业聚集区内，启动建设产业技术研究

① 2014年11月15日，中国江苏网刊发《第四届中国江苏产学研展洽会吸引1 500余家企业》一文，介绍第四届中国江苏产学研展洽会活动成果（http://news.jschina.com.cn）。

② 2009年9月20日，江苏省科学技术厅网站刊发《中国·江苏第二届产学研合作成果展示洽谈会在南京隆重举行》一文，介绍洽谈会活动成果（htttp://www.jstd.gov.cn）。

院12家（见表3-3）。与一般省份和地区的产业技术研究院以高等院校和科研机构为主要依托单位不同，江苏省的产业技术研究院主要依托行业领军企业建立，即使是由省政府批准成立的江苏省产业技术研究院（其他产业技术研究院均由省科技厅审批成立），也明确不设行政级别，实行理事会领导下的院长负责制，按照新型科研管理需要建立了法人治理结构，市场驱动型十分显著。

表3-3　江苏省内产业技术研究院名单（2014）

序号	研究院名称	依托单位／说明
1	江苏省（常州）石墨烯研究院	江南石墨烯研究院
2	江苏省（苏州）纳米产业技术研究院	苏州工业园区纳米技术研究院有限公司
3	江苏省（宜兴）环保产业技术研究院	宜兴市环科园环保科技发展有限公司
4	江苏省数字信息研究院	江苏数字信息产业园发展有限公司
5	江苏省（张家港）智能电力研究院	张家港智能电力研究院有限公司
6	江苏省城市轨道交通研究设计院	江苏省城市轨道交通研究设计院股份有限公司
7	江苏省工业生物技术创新中心	南京工业大学
8	江苏省（丹阳）高性能合金材料研究院	江苏（丹阳）高性能合金材料研究院
9	江南现代工业技术研究院	江南现代工业技术研究院
10	江苏省（昆山）工业技术研究院	昆山市工业技术研究院有限责任公司
11	江苏省（扬州）数控机床研究院	扬州数控机床研究院
12	江苏省产业技术研究院	不设行政级别，实行理事会领导下的院长负责制

资料来源：江苏省科技创新平台《江苏省内产业技术研究院名单》，载江苏省科技创新平台网（http://www.kjpt.net/cy）。

3. 江苏省市场驱动型产学研合作成效

（1）专利技术成果显著。三项专利技术成果是产学研合作成绩的一个重要指标。从2003年至2012年江苏省在三项专利申请和授权量上看，江苏省的产学研合作取得了显著的成效（见表3-4）。其中，从专利申请方面看，国内专利申请受理量从18 393项增长到472 656项，9年增长24.7倍，年均增长率为43.43%；国内发明专利申请受理量从3 279项增长到110 091项，9年增长32.6倍，年均增长率为47.76%；国内实用新型专利申请受理量从8 228项增长到107 091项，9年增长12倍，年均增长率为33%；国内外观设计专利申请量从6 886项增长到255 474项，9年增长36.1倍，年均增长率为49.4%。从授权量上看，国内专利申请授权量从9 840项增长到269 944项，9年增长26.4倍，年均增长率为44.48%；国内发明专利申请授权量从626项增长到16 242项，9年增长24.9倍，年均增长率为43.59%；国内实用新型专利申请授权量从5 381项增长到77 944项，9年增长13.5倍，年均增长率为34.58%；国内外观设计专利授权量从3 383项增长到175 758项，9年增长50.9倍，年均增长率为55.1%。专利申请授权量增长比例（27.6倍）高于申请数量增长比例（25.7倍），达到190个百分点，一方面说明三项专利申请比较活跃，另一方面说明江苏省的专利申请质量在9年中得到显著提高。同时，2012年和2013年江苏省三项专利申请数量和授权量均排名全国第一。

表3-4　江苏省三项专利申请数量和授权量（2003—2012）

年度 内容	2003	2004	2005	2006	2007	2008	2009	2010	2011	2012
国内专利申请受理量（项）	18 393	23 532	34 811	53 267	88 950	128 002	174 329	235 873	348 381	472 656

续表

内容＼年度	2003	2004	2005	2006	2007	2008	2009	2010	2011	2012
国内发明专利申请受理量（项）	3 279	4 423	6 582	10 214	16 578	22 601	31 779	50 298	84 678	110 091
国内实用新型专利申请受理量（项）	8 228	9 405	11 071	13 386	16 586	23 379	36 122	51 436	81 097	107 091
国内外观设计专利申请量（项）	6 886	9 704	17 158	29 667	55 786	82 022	106 428	134 139	182 606	255 474
国内专利申请授权量（项）	9 840	11 330	13 580	19 352	31 770	44 438	87 286	138 382	199 814	269 944
国内发明专利申请授权量（项）	626	1 026	1 241	1 631	2 220	3 508	5 322	7 210	11 043	16 242
国内实用新型专利申请授权量（项）	5 381	5 474	6 483	8 849	12 944	16 029	21 939	41 161	53 413	77 944
国内外观设计专利授权量（项）	3 383	4 830	5 856	8 872	16 606	24 901	60 025	90 011	135 358	175 758

数据来源：国家统计局《国家统计数据》，载国家统计局网站（http://data.stats.gov.cn）。

（2）高新技术产业保持较快发展势头。2013年，江苏省组织实施省重大科技成果转化专项资金项目144项，总投入117亿元。全省按国家新标准认定高新技术企业累计达6 769家，比2006年的3 472家增长了3 297家，年均增加高新技术企业480家。2013年，认定省级高新技术产品8 827项，比2006年认定的1 693项增加7 134项；国家重点新产品190项，比2006年的222项略有减少。已建国家级高新技术特色产业基地121个，比2006年的49个增加72个，年均增加国家级高新技术产业基地10余个。全省国家和省级高新技术产业开发区实现技工贸总收入达42 503亿元，比上年增长18.9%，是2006年11 051亿元的3.85倍。2013年全省科技进步贡献率达到57.5%。①

（3）促进了经济快速发展和结构转型。产学研合作的快速发展，促进了江苏省经济稳健发展和产业结构优化（见表3-5）。国民生产总值上，2013年江苏省GDP达到59 162亿元，比2006年的21 742亿元增长了172%，年均增长率为15.37%。产业结构上，2006年第一、第二和第三产业占比分别为7.11%、56.49%、36.40%，到2013年三个产业占比分别为6.16%、49.18%、44.66%，其中第三产业增长了8.26个百分点，说明江苏省的产业结构显著优化。同期R&D经费从346亿元增长到1 430亿元，7年间增长313%，年均增长率为22.47%，R&D经费占比从1.59%增长到2.42%，且从2009年（2.04%）起R&D经费占GDP比重一直超过2%，全省创新驱动的动力更加强劲，也是全国唯一可以达到这一水平的省份——另一经济强省广东省从2012年起R&D经费占GDP比重首次超过2%。技术市场成交额从69亿元增长到586亿元，是全国技术市场成交额最高的省份，7年间增长了7.5倍，年均增长率为35.74%，技术市场

① 资料来源：江苏省统计局《2013年江苏省国民经济和社会发展统计公报》，载江苏省统计局网站（http://www.jssb.gov.cn）。

成交额占GDP比重从2006年的0.32%增长到2013年的0.99%。研发投入的大幅增长，支撑了技术市场的全面繁荣，促进了江苏省的全面发展和结构转型。

表3-5 江苏省主要经济指标一览（2006—2013）

项目 年度	GDP（亿元）	第一产业增加值（亿元）	第二产业增加值（亿元）	第三产业增加值（亿元）	技术市场成交额（亿元）	技术市场成交额占GDP比重	R&D经费（亿元）	R&D经费占GDP比重
2006年	21 742	1 545	12 283	7 914	69	0.32%	346	1.59%
2007年	26 018	1 816	14 471	9 731	78	0.30%	430	1.65%
2008年	30 982	2 100	16 993	11 889	94	0.30%	581	1.87%
2009年	34 457	2 262	18 566	13 629	108	0.31%	702	2.04%
2010年	41 425	2 540	21 754	17 131	249	0.60%	858	2.07%
2011年	49 110	3 065	25 203	20 842	333	0.68%	1 066	2.17%
2012年	54 058	3 418	27 122	23 518	401	0.74%	1 230	2.28%
2013年	59 162	3 646	29 094	26 422	586	0.99%	1 430	2.42%
年均增长率	15.37%	13.05%	13.11%	18.79%	35.74%	17.51%	22.47%	6.18%

数据来源：国家统计局《国家统计数据》，载国家统计局网站（http://data.stats.gov.cn）；科学技术部《中国科技统计数据》，载中国科技统计数据网站（http://www.sts.org.cn）。

4. 江苏省市场驱动型产学研合作启示

（1）要坚持高端引领。高端引领是江苏省产学研合作的一个突出特点，主要表现在以下几个方面。一是政府将产学研合作作为江苏省建设创新型省份的重要方式，着力通过推动和强化产学研合作，为江苏省的创新发展和转型发展提供源源不断的内生动力。连续多届产学研成果展示洽谈会，省长和科技部领导均参加，给予高度重视。二是政府坚持为产学研合作搭建良好平台、创造良好环境。建立健全了适应产学研合作体系的政策、制度体系，从产业规划、工商注册、项目申报、财政补贴、税务优惠、人才引进、平台搭建、中介服务等方面给予产学研合作良好的秩序保障，给具有发展前景的产学研合作项目在投融资等方面提供支持和平台。三是以高端人才引领产学研合作。创新驱动的实质是人才驱动。科技强省、建设创新型省份的关键在人才。高端人才的数量，已经成为一省核心竞争力的重要体现。江苏省把大力吸引和培养人才，尤其是顶尖级科学家，作为引领全省社会经济快速发展、在国内国际赢得竞争优势的战略性选择。为此，江苏省努力创造良好环境，吸引了大批两院院士到江苏工作。2013年，全省中国工程院和中国科学院两院院士达到93人。同时努力调动全国范围内两院院士的积极性，全方位服务江苏省产学研合作的发展，2013年企业院士工作站达到337个。实施了“双创计划”“六大人才高峰计划”等重点工程，吸引了一大批“千人计划”人才和领军人才到江苏创业发展，培养了一支规模庞大的拔尖人才队伍。截至2012年，江苏省拥有“千人计划”专家达到320人，一大批优秀的顶尖级专家和不断发展壮大的领军人才队伍，成为江苏发展的“人才红利”。四是注重整合省部资源。和科学技术部、原食品药品监督管理总局、教育部等建立密切的省部联合产学研合作模式。

（2）要坚持市场导向。坚持市场导向是江苏省产学研合作的一个典型特点。江苏省市场化程度连续多年排名全国前列，市场化的程度非常高。市场化程度的提高，促进了民营科技型企业的快速发展。江苏省产学研合作坚持市场化导向主要表现在三个方面。一是人才建设上坚持市场化导向。根据人才强省战略和创新驱动战略，加强推进高层次创新创业人才队伍建设，专门成立了全国首支人才基金——江苏省人才创新创业基金，采用市场化的手段，鼓励和支持科技人才创新和创业；对人才的引进和培养，也遵循市场价值规律，用市场化的手段妥善处理供需关系。二是财政上发挥杠杆作用。财政资金向具有良好发展前景的高科技项目倾斜，同时设立扶持资金，引入市场化管理方式。区域扶持资金由传统的无偿使用转为有偿使用，在明确财政资金有偿使用的同时，充分体现财政资金的政策导向性，吸引了更多社会资金投向风险小、前景好的科技项目。三是注重开发市场前景好的战略性新兴产业。紧跟时代发展潮流，注重发展的前瞻性，重点开发新能源、新材料、节能环保、软件和服务外包、物联网等十几个方面的战略性新兴产业，取得了良好的发展成果。2013年，新兴产业销售增加18%。

（3）要加大研发科技投入。充足的研发科技投入，是促进产学研合作顺利推进的基础保障。为实现江苏省“两个率先”——率先全面建成小康社会、率先基本实现现代化的发展目标，切实推进创新驱动战略，江苏省多年来坚持加大在科研和创业方面的投资力度。以R&D经费为例，江苏省投入总量长期排在全国第一位，2009年起，江苏省R&D经费占全省GDP的比重超过2%，此后保持连年稳定增长，2013年达到了2.42%，接近了发达国家的水平。

3.2.3 湖北省市场驱动型产学研合作研究

1. 湖北省产学研合作基础条件

研究我国各省市产学研合作推进情况，湖北省无疑是个很有特色的样本。湖北省地处我国中部，是中部崛起的核心地带，同时，从产业发展和科技创新体系上看，湖北省也具有一定的基础和优势。

（1）教育产业基础庞大。2013年，湖北省共有普通高校122所，其中211及985工程高校7所，高校的数量和名校的数量在全国都处于领先地位。2013年高校在校生142.14万人，毕业生36.16万人；研究生招生

3.9万人，在校研究生11.27万人，毕业生3.46万人。[①] 2011年R&D人员11.39万人(居全国第7位)。湖北省有中国科学院院士22人，中国工程院院士35人，国家突出贡献中青年专家83人，享受国务院政府特殊津贴人员1 445人，高端人才数量在中西部地区是遥遥领先的。优质的教育资源，为产学研合作的实施奠定了比较扎实的基础。

（2）科技创新体系比较完备。2013年，湖北省拥有14个国家重点实验室，91个省级重点实验室，139个博士后科研流动站，60个产业基地，18个国家级技术研究中心，24个企业技术研究中心，103个省级技术研究中心，218个企业技术中心，11个校企共建技术研发中心，70家科技企业孵化器，72个生产力促进中心。[②] 在全省范围内形成了基础学科研究、应用技术开发、成果转化成龙配套的科技创新体系。

（3）科技创新氛围良好。湖北省高度重视科技创新工作，着力通过创新科技体制机制、优化创新创业环境，将“湖北建设成为中部地区乃至全国重要的科技体制改革先行区、科技创新创业示范区、科技成果转化核心区、高新技术产业发展聚集区”，[③] 全面为湖北省“黄金十年”提供强有力的科技支撑。2013年，全省共取得省部级以上科技成果1 621项，全年共签订技术合同14 909项，技术合同成交金额418.74亿元。[④]

2. 湖北省推进产学研合作主要模式

依托良好的产学研合作发展条件，为更好地促进全省经济结构转型升级，实现稳健可持续发展，2010年，湖北省实施了产学研合作行动计划。湖北省的产学研合作具有自身的鲜明特色，其主要模式有高新技术开

① 数据来源：2014年3月4日《湖北日报》刊发湖北省统计局发布的《2013年湖北省国民经济和社会发展统计公报》。

② 付俊超. 产学研合作运行机制与绩效评价研究[D]. 北京：中国地质大学，2013。

③ 2013年湖北省委省政府颁布了《关于深化科技体制改革加快创新体系建设的意见》（鄂发〔2013〕4号）。

④ 湖北省统计局，国家统计局湖北调查总队. 2013年湖北省国民经济和社会发展统计公报[N]. 湖北日报，2014-3-4。

发区、产业技术创新联盟、产业技术创新基地等，而产业技术研究院作为一种产学研合作的有效形式，从2014年起在湖北省得到全面推广推进。

（1）高新技术开发区。1988年，依托高校集中在武昌的优势，湖北省成立武汉东湖新技术产业开发区，1991年开发区升级为国家级高新技术开发区。武汉东湖新技术产业开发区内高等院校和科研机构林立，有武汉大学、华中科技大学、中国地质大学（武汉）等58所高等院校和中国科学院武汉分院等71个国家级科研院所，100多万名在校大学生，这是全国少有的产学研合作优势。结合这些优势，武汉东湖新技术产业开发区已建成光纤光缆、光电器件生产基地，光通信技术研发基地，激光产业基地，这些业绩使“中国光谷”蜚声海内外；此外，现代生物、节能环保、高端装备制造以及现代服务业等高新技术产业，也在这里迅速崛起。湖北省还结合区域发展特色，分别建立了荆门高新技术产业开发区、宜昌高新技术产业开发区、孝感高新技术产业开发区和襄阳高新技术产业开发区四个国家级高新技术开发区，都成为湖北省产学研合作的重要平台。

（2）产业技术创新战略联盟。2009年11月，湖北省出台了《关于推进湖北省产业技术创新战略联盟建设的指导意见》，试行产业技术创新战略联盟试点工作，主要涉及的产业包括生物医药、油菜加工等。产业技术创新战略联盟在湖北省得到了蓬勃发展，仅武汉东湖高新技术产业开发区就建立了39家，其中国家级技术创新战略联盟达8家。通过实施产业技术创新战略联盟，湖北省在支柱产业发展上建立了比较稳固的科技研发和成果转化体系，对促进产业化发展起到了积极的促进作用。

（3）公共技术服务平台。针对中小企业比较多，科技孵化环境比较好的状况，湖北省把构建良好的公共技术服务平台作为推进产学研合作的重要方式。湖北省首创了科技计划保荐制度，该制度注重科技产业培育，将重点放在选择合适的产业、企业，支持有发展前景的产业和企业上，注重远期培育。同时，政府通过金融政策和金融杠杆，成立了一批创投基金，重点培育和支持有发展前景的科技型企业发展。据统计，湖北省先后成立了30余家创投公司或创投基金，同时进一步深化了与国有各大银行的战略合作协议，为中小企业投融资搭建了良好的平台。结合“创新湖北”发展战略，深入开展了“科技型中小企业成长路线图计划”和“科技创业楚天行”等活动，对中小型企业加大扶持力度，为科技型中小企业的发展创造了有利的外部条件。

（4）建设技术成果转移平台。针对全省高校和科研机构多、科技成果市场比较繁荣的特点，湖北省把建设成果转移平台作为产学研合作的重要途径来抓，扶持技术转移机构和成果转化中心的发展。比如，武汉科技成果转化中心、武汉光谷联合产权交易所、湖北省高新技术促进中心是全国有名的中国创新驿站基层站点，并建立了湖北产业技术创新与育成中心。根据武汉城市圈高校和科研机构密集、科研成果众多的状况，湖北省积极搭建各类省级技术转移示范机构，有7家单位入选为国家技术转移示范机构，入选单位数量位居全国前列。

（5）产业技术研究院。产业技术研究院作为一种集群化、产业化、商业化的产学研合作模式，得到了湖北省的高度重视，也积累了一定的发展基础。2012年11月湖北省磁电子工业技术研究院成立，重点解决我国磁电子技术产业化的发展瓶颈问题，着力将湖北宜昌打造成“中国磁谷”。2013年3月由稻花香集团牵头，面向贵州和华中地区，以白酒行业的产学研为方向成立了湖北省酿酒工业研究院。在积累了一定成功经验的基础上，2013年12月30日，湖北省专门下发《湖北省产业技术研究院建设指导意见》，对加快建设产业技术研究院做出了部署和安排。与其他省份产业技术研究院分别依托高校、科研机构或政府建立不同，湖北省从建设之初就强调了市场驱动型的发展模式，强调产业技术研究院要依托龙头骨干企业，立足产业布局发展需要，为全省产业创新发展提供科技支撑。针对湖北省是全国畜牧业大省的状况，湖北省专门成立畜禽产业技术研究院，整合了国家家畜工程技术研究中心等在内的7个国家级科技创新平台、相关两院院士和一大批科技创新团队。以湖北省兴发化工集团股份有限公司为依托，联合湖北大学、武汉工程大学和三峡大学三家高校，湖北省磷化工产业技术研究院成立。从高端产业发展前景和湖北省自身的优势考虑，成立了湖北生物医药产业技术研究院。

从产学研合作的模式上看，还有产业技术创新基地、博士后工作站、院士专家指导站等传统模式，共同促进了湖北省产学研合作的稳健发展。

3. 湖北省市场驱动型产学研合作成效

湖北省的产学研合作，较好体现了政府搭台、企业唱戏的模式。在政府搭建良好平台、提供良好环境的条件下，市场驱动型产学研合作取得了丰硕的成果。

（1）校企合作攻克技术难题。比如，湖北大学与武汉多倍体生物科技有限公司合作，在多倍体水稻的研究和育种上取得重大进展，解决了多倍体育种过程中的关键技术难题：高频率获得多倍体水稻的技术体系，使多倍体诱导频率由5%上升到46.7%，最高可达到95%；高结实多倍体水稻品系选育技术体系，突破了多倍体水稻结实率低的瓶颈问题，多倍体水稻结实率已达70%以上；高效创建异源多倍体水稻技术体系，克服了种间杂种育性低的障碍；高效创建同源异源多倍体水稻技术体系，使同源异源多倍体水稻具备商业水稻品种的基本特性；快速稳定多倍体水稻技术体系，这些技术的解决，对促进我国实现粮食自给，保障粮食安全具有重大意义。再如，中国地质大学（武汉）与湖北省十堰市秦岭中地生物科技公司联合研发了“黄姜皂素化学生物法生产”新技术，并实现了产业化。

（2）打造了一流的高新区。从1988年成立至今，武汉东湖高新技术产业开发区取得了显赫的发展成果，是国家首批高新技术开发区、国家光电子产业基地、全国三个自主创新示范区之一，汇集了672家高新技术企业和8所产业技术研究院。自2009年以来，东湖高新区总收入年增长率均超过30%，2013年高新区企业总收入6 517亿元，较上年增长30.18%。[①] 东湖高新区也以其优秀的发展业绩和强劲的发展态势，综合排名位列全国国家级高新技术开发区第三名，仅次于北京的中关村科技园和深圳高新区，技术创新能力仅次于北京中关村科技园。此外，宜昌、襄阳、孝感、荆门等高新区也实现了蓬勃发展，共同带动了湖北省产学研合作的快速发展。

（3）专利技术成果显著。三项专利技术成果是产学研合作成绩的一个重要指标。从2003年至2012年的湖北省三项专利申请受理量和授权量上看，湖北省的产学研合作取得了显著成效（见表3-6）。从专利申请方面看，国内专利申请受理量从6 635项增长到51 316项，9年增长673%，年均增长率为25.52%；国内发明专利申请受理量从1 627项增长到14 640项，9年增长800%，年均增长率为27.65%；国内实用新型专利申请受理量从3 406项增长到24 078项，9年增长607%，年均增长率为24.27%；国内外观设计专利申请量从1 602项长到12 598项，9年增长686%，年均增长率为25.75%。从授权量上看，国内专利申请授权量从2 871项增长到24 475项，9年增长752%，年均增长率为26.88%；国内发明专利申请授权量从420项长到4 050项，9年增长864%，年均增长率为

① 资料来源：湖北省武汉东湖新技术开发区网站（http://www.wehdz.gov.cn）。

28.63%；国内实用新型专利申请授权量从1 859项增长到15 876项，9年增长754%，年均增长率为26.91%；国内外观设计专利授权量从592项增长到4 549项，9年增长668%，年均增长率为25.42%。专利申请授权量增长比例（752%）高于专利申请受理量增长比例（673%），达到79个百分点，一方面说明三项专利申请比较活跃，年平均增幅排名全国前列；另一方面说明湖北省的专利申请质量在9年间得到显著提高。

表3-6　湖北省三项专利申请数量和授权量（2003—2012）

年度 内容	2003	2004	2005	2006	2007	2008	2009	2010	2011	2012
国内专利申请受理量（项）	6 635	7 960	11 534	14 576	17 376	21 147	27 206	31 311	42 510	51 316
国内发明专利申请受理量（项）	1 627	1 674	2 038	2 827	3 705	4 616	6 065	7 411	10 327	14 640
国内实用新型专利申请受理量（项）	3 406	3 953	4 835	5 745	7 168	8 793	10 579	12 791	17 409	24 078
国内外观设计专利申请量（项）	1 602	2 333	4 661	6 004	6 503	7 738	10 562	11 109	14 774	12 598
国内专利申请授权量（项）	2 871	3 280	3 860	4 734	6 616	8 374	11 357	17 362	19 035	24 475

续表

年度 内容	2003	2004	2005	2006	2007	2008	2009	2010	2011	2012
国内发明专利申请授权量（项）	420	744	733	855	886	1 152	1 478	2 025	3 160	4 050
国内实用新型专利申请授权量（项）	1 859	1 966	2 238	3 031	4 400	5 732	6 285	10 431	11 147	15 876
国内外观设计专利授权量（项）	592	570	889	848	1 330	1 490	3 594	4 906	4 728	4 549

数据来源：国家统计局《国家统计数据》，载国家统计局网站（http://data.stats.gov.cn）。

（4）促进了地区经济发展与产业结构优化。产学研合作的快速发展，促进了湖北省经济稳健发展和产业结构优化（见表3-7）。国民生产总值上，2013年湖北省GDP达到24 668亿元，比2006年的7 617亿元增长了223%，年均增长率为18.28%，年均增速全国领先。产业结构上，2006年第一、第二和第三产业占比分别为14.97%、44.18%、40.85%，到2013年三个产业占比分别为12.56%、49.34%、38.10%，其中第二产业增长了5.1个百分点，说明湖北省工业立省的战略得到较大强化，产业结构有所优化。同期R&D经费从94亿元增长到450亿元，7年间增长378%，年均增长率为25.07%，R&D经费占比从1.24%增长到1.82%；技术市场成交额从44亿元增长到419亿元，增长了近10倍，年均增长率近40%，技术市场成交额占GDP比重从2006年的0.58%增长到2013年的

1.70%，表明湖北省的高新技术产业取得了高速发展。

表3-7　湖北省主要经济指标一览（2006—2013）

项目 年度	GDP（亿元）	第一产业增加值（亿元）	第二产业增加值（亿元）	第三产业增加值（亿元）	技术市场成交额（亿元）	技术市场成交额占GDP比重	R&D经费（亿元）	R&D经费占GDP比重
2006年	7 617	1 140	3 365	3 112	44	0.58%	94	1.23%
2007年	9 333	1 378	4 143	3 812	52	0.56%	111	1.19%
2008年	11 329	1 780	5 082	4 467	63	0.56%	149	1.32%
2009年	12 961	1 796	6 038	5 127	77	0.59%	213	1.64%
2010年	15 968	2 147	7 767	6 053	91	0.57%	264	1.65%
2011年	19 632	2 569	9 816	7 247	126	0.64%	323	1.65%
2012年	22 250	2 849	11 193	8 209	196	0.88%	378	1.70%
2013年	24 668	3 098	12 172	9 399	419	1.70%	450	1.82%
年均增长率	18.28%	15.35%	20.16%	17.11%	37.98%	16.61%	25.07%	5.63%

数据来源：国家统计局《国家统计数据》，载国家统计局网站（http://data.stats.gov.cn）；科学技术部《中国科技统计数据》，载中国科技统计数据网站（http://www.sts.org.cn）。

4. 湖北省市场驱动型产学研合作启示

湖北省是我国较为有名的科教大省，拥有得天独厚的先天优势。从湖北省产学研合作的情况来看，有三个方面的优势和三个方面的劣势。

（1）三个方面的优势。

第一，借助科教基础优势比较到位。前文已经介绍，湖北省产学研合优势尤其表现在拥有庞大的教育产业基础、成龙配套的创新体系和良好的创新氛围，武汉大学、武汉理工大学、华中科技大学等高校均积极参与产学研合作，使湖北省内的众多企业，既能充分享用这些高校群体提供的人才宝库，也能结合自身实际，与当地高校充分合作进行技术创新，其相互联系的紧密程度是比较高的。

第二，企业参与产学研合作的积极性比较高。湖北省内企业从发展基础看，较国内其他发达地区要落后些，大型知名企业还是偏少，尤其是具有广泛社会影响力和竞争力的企业还是很少。随着国家推进中部崛起战略，湖北省内企业对形势的发展判断更加明晰，它们充分认识到深化产学研合作对企业发展的积极作用，对加强与高校、科研院所的合作充满热诚。湖北省内企业以市场化的运作手段，纷纷与高校、科研院所进行了深度合作，不仅与省内高校合作，还积极与省外高校合作，利用有利政策和环境发展好自己。

第三，平台搭建比较到位。湖北省各地充分认识到自身的不足，利用后发优势加快发展，在搭建创业创新平台等方面下功夫，取得了较为理想的成绩。比如创新基地的建设等，各地充分重视，积极想办法完善制度法规，努力为产学研合作创造良好平台。如武汉东湖高新技术产业开发区成为科技型企业的摇篮，为入园企业的健康成长提供了难得的发展环境、搭建了良好的发展平台。

（2）三个方面的劣势。

第一，产学研合作起步晚。虽然从湖北省的发展来看，产学研合作早就有之，但深度的产学研合作还是存在起步晚的问题，与北京、上海、广东等地相比，起步明显滞后至少10年左右。从研发投入上看，也明显不足，2013年R＆D经费投入在全国排名中靠后、占GDP的比重仅为1.82%（见表3-7），对产学研合作的支持和杠杆作用发挥不够充分。

第二，缺乏支柱产业支撑和带动。产学研合作的发展，需要支柱优势产业引领和带动，由于没有显著的支柱产业进行支撑，也缺乏大型企业的引领，导致湖北省整个产学研合作的范围比较宽泛，聚集效果发挥不突出。

第三，制度建设还有待进一步完善。产学研合作的顺利推进，离不开各项规章制度的保障和环境支持，从湖北省的制度建设来看，与北京、上海、广东、江苏等发达领先地区相比还是明显滞后，这就要求湖北省虚心学习先进，发挥后发优势，尽快缩短差距，迎头赶上。

3.2.4 中国汽车工程研究院股份有限公司产学研合作研究

1. 公司简介

中国汽车工程研究院股份有限公司，是国内汽车板块的著名上市公司，股票简称中国汽研，股票代码为601965。① 中国汽研的产学研合作比较活跃，其合作模式主要有以下几种。

（1）博士后科研工作站。依托重庆汽车研究所的平台，中国汽研是国内较早设立博士后科研工作站的单位。经过十多年，博士后科研工作站给企业提供了多项重要科研成果，成为企业软实力的重要体现之一。

（2）企校联合创新。作为国家高新技术企业，中国汽研和国内多所工科大学进行了密切的校企产学研合作，合作的大学有重庆大学、长安大学等国内著名高校。

（3）院士工作指导。中国汽研注重与顶尖级科学家的深度合作，中国工程院院士常年为该企业指导研发工作，使企业在科技研发创新等方面始终领先全国，甚至达到世界一流水平。

（4）其他产学研创新平台。中国汽研还建设了一批具有世界先进水平的实验室和研发中心，这些实验室和研发中心承担了企业日常的研发任务，是中国汽研科研成果不断得到强化的重要基础。

① 资料来源：中国汽车工程研究院股份有限公司网站（http://www.caeri.com.cn）。

2. 项目简介

欧盟ECE R29（03系列）（《商用车驾驶室乘员保护》）法规出口认证试验。

近年来，欧美汽车安全技术标准法规更新频率加快，更新幅度加大，技术要求更趋严格。在商用车驾驶室乘员保护方面，2010年4月，欧盟在ECE R29（02系列）法规的基础上，推出了ECE R29（03系列）法规，并于2012年1月再次对后者进行了修改。ECE R29（03系列）法规在试验方法、评价指标等方面与ECE R29（02系列）法规有着较大的差异，增加了商用车驾驶室双A柱和侧顶部摆锤撞击试验，驾驶室正面摆锤撞击试验的撞击能量也由原来的44.1千焦提高到了55千焦，因而对商用车驾驶室的结构和相关试验检测设备也提出了更高的要求。根据欧盟的规定，我国商用车出口必须符合欧盟ECE R29（03系列）法规认证标准，但我国并没有符合该认证条件的技术服务机构。[①] 市场需求早已经形成。

中国汽研敏锐把握住了市场的需求。公司结合国内外技术发展趋势，预见到未来对车身强度的要求必定会越来越高，于是提出了打造更高水准试验设备的设想。经过两年左右的研发，2012年，中国汽研已经建成了设备条件世界一流、国内领先的汽车车身强度试验室。该试验室试验检测能力涵盖10余项国内外商用车被动安全技术标准法规和欧洲著名商用车生产企业标准，可开展商用车驾驶室单／双A柱、侧顶部、前围和后围摆锤撞击试验，商用车驾驶室顶部、侧顶部、后围静压试验，商用车前下部防护（装置）静压试验等，设备加载能力强，控制精度

① 2014年8月6日，《中国汽车报》刊发《中国汽研完成商用车欧盟出口新规“第一撞”》一文，介绍中国汽车工程研究院股份有限公司开展欧盟ECE R29（03系列）（《商用车驾驶室乘员保护》）法规出口认证试验情况。

高，工作稳定可靠。商用车驾驶室撞击试验台具有“防止摆锤二次或多次碰撞试验样品”功能，并且获得了国家专利，该试验台得到了国际著名认证公司的高度评价和国内同行的认可。2014年6月，中国汽研汽车安全技术中心按照欧盟ECE R29（03系列）法规标准，将一个质量1 500千克的长方体摆锤以55千焦的能量，重重地砸在了试验样车的前脸上，认证试验标准完全满足欧盟标准要求，成为中国汽车专业服务领域唯一具备该能力的公司。这为我国商务车出口到欧盟提供了技术服务平台，也为自己赢得了广阔市场。

此外，该公司（其前身本来就是科研机构）与长安大学、重庆大学等高校密切合作，形成了雄厚的研发实力，具有多项领先技术，例如碰撞牵引系统能将一辆总质量25吨的汽车牵引达到70千米/小时进行正面碰撞，这在国内碰撞试验室中几乎是唯一一家达到这种水平的；公司所拥有的乘用车车身强度试验台在模拟汽车翻滚事故形态的顶部抗压强度试验中的先进性也在国内首屈一指；在乘用车以及最大设计总质量≤4536千克商用车侧翻、翻滚结构耐撞性方面，美国FMVSS 216a《顶部抗压强度》法规对试验设备的加载精度提出了很高的要求，要求汽车车身强度试验台在负载高达25吨的使用条件下，加载力静态测量精度误差要在±0.25%FS。世界上能满足这一要求的设备供应商目前只有数家，而中国汽研就是其中之一。

3. 项目评价

（1）效益评价。根据中国汽研上市披露的资料，2014年上半年公司主要经营指标如下。

表3-8　中国汽研2014年上半年营业情况

分类产品	营业收入（元）	业务比重（%）	营业成本（元）	毛利率（%）	比上年增长（%）
技术服务	279 076 568	40.17	105 730 556	62.11	13.69
专用汽车	353 370 638	50.87	336 672 122	4.73	1.53
轨道交通	12 600 604	1.81	8 500 206	32.54	-24.67
燃气系统	44 244 599	6.37	28 384 001	35.85	-3.03
其他	16 000	0.77	659 864	-4 024.15	-3,986.29
合计	689 308 409	100.00	479 946 749	30.37	0.14

数据来源：中国汽研，股票代码601965，上市公司披露信息。

从表3-8可以看出，中国汽研2014年上半年，技术服务类经营业务毛利率（62.11%）增幅较高（增长13.69%），所占业务比重也达到40.17%，业务上成为公司的支柱产业，在专用汽车、轨道交通、燃气系统等利润下滑的情况下，技术服务方面的贡献成为公司利润增量的主要贡献力量。

（2）技术成果。截至2014年6月，公司共获省部级以上科研成果151项，近三年牵头承担国家课题16项、协作国家课题13项、牵头承担市级课题15项，累计合同金额11 445.7万元，有效专利授权共75项、软件著作权25项，正在开展的国际级行业标准制订工作19项。

（3）人才队伍。截至2014年，中国汽研各类专业技术人员1 089人，其中，教授高级工程师47人，博士22人，高级工程师94人，首席专家2人。高端人才的数量和比重显著领先同行水平。①

4. 实践启示

以上对中国汽车工程研究院股份有限公司坚持以市场驱动推进产学

① 数据来源：中国汽车工程研究院股份有限公司提供的内部资料。

研合作进行了简要案例分析，得出的基本结论很好地验证了市场导向对企业发展的极端重要性。中国汽车工程研究院股份有限公司从过去的科研机构转制为高新技术企业，步入了市场化发展轨道，尤其是2012年整体上市后，按照上市公司的规程进行治理，实现了稳健快速发展。公司作为高新技术企业，科技创新和产品研发是公司的生命力和核心竞争力。正因为坚持“优先重点发展研究开发业务”“统筹稳健发展科技成果产业化业务”，使该公司从早期不被市场看好①，成为业绩稳定、增长可期的上市公司②。公司在发展的过程中，坚持以市场为导向，坚持创新发展战略，扎实推进了产学研合作，狠抓科技成果转化，在专业汽车服务等多个主营业务中形成了比较竞争优势，从而奠定了公司稳健发展的基础。

3.3 本章小结

本章按照市场化的导向，从项目确定、人才配备、项目投资、合作主体的利益驱动机制和项目结果检测五大方面构建了产学研合作项目的运行理论模式，并对每个环节进行了详细分析，论证了市场驱动对产学研合作的重要性。同时，结合我国发展实际进行实践探索。实践探索的案例分为两类，一类是宏观案例，分别用广东省、江苏省和湖北省作为对象进行研究；一类是微观案例，选取上市公司中国汽车工程研究院股

---

① 2012年6月19日《中国经济时报》刊发《中国汽研上市“破发”主打研发业务不被看好》一文，介绍2012年6月11日中国汽研上市当日即“破发”，在上市交易的5天内，中国汽研的盘面整体表现也不尽人意，其中仅有6月13日以微涨1.51%收盘，其余4天均以持续下跌收场，公司整体不被市场看好。

② 根据中国汽研上市公司披露数据，公司2012年营业收入114 319万元，利润47 758万元，2013年营业收入150 023万元，比上年增长31.23%，营业利润56 316万元，比上年增长17.91%。

份有限公司作为对象进行研究。

广东省、江苏省和湖北省在我国的区域经济发展中又分别属于两种类别，前两个是沿海发达省份，后一个是中部经济大省，在全国的发展布局中都具有举足轻重的作用。从产学研合作的基础条件来看，三个省都拥有比较丰厚的教育产业基础，建立了比较完备的科研体系，拥有一大批国家级实验室，注重搭建各类平台促进产学研合作的深度开展，实现了经济社会的快速发展。但从经济发展的角度分析，三个省份之间还是有一定的差别。广东省和江苏省无论在发展速度还是在发展质量上，都优于湖北省，从产业布局和经济转型的角度上看也显著优于湖北省。这种优势，固然有广东省、江苏省率先开放所积累的先发优势，也有广东省和江苏省市场化程度更高、产学研合作市场驱动程度更高的缘故。而在广东省和江苏省之间进行比较，截至2013年的数据，江苏省国民生产总值已经跃居第二，十分逼近广东省的水平，大有赶超广东省之势。尤其是江苏省R＆D经费占GDP的比重增长迅速，显著优于广东省，其三项专利申请受理量和授权量也超越广东省跃居全国第一名，其创新综合能力超过广东省，创新综合能力连续多年稳居全国第一名，这些都为江苏省的快速稳健发展提供了强大的内生动力，充分表明江苏省的发展后劲更加充足、更加强劲。而这种变化，本研究认为一个重要的原因是江苏省的市场化进程优于广东省的市场化进程，江苏省市场主体参与产学研合作的积极性优于广东省。实践证明，一省的经济发展与该省的科技研发投入、科技研发活动密切相关，从广东、江苏和湖北等省份的发展情况看，市场化进程更好的省份，其R＆D活动就更活跃，对经济发展的促进作用更大。

除了宏观的实践样本外，本文还结合提出的市场驱动型产学研合作运行理论模式，以被认定为国家高新技术企业的中国汽车工程研究院股份有限公司为案例，从微观经济主体的角度进行分析，证明了在产学研合作中坚持市场驱动为主导的重要性。同时也提供了深刻的启示：坚持市场导向，实施市场驱动，是产学研合作的主要方向，也是增强企业核心竞争力，实现创新发展的必由之路。

4　市场驱动型产学研合作的国际借鉴

4.1　美国市场驱动型产学研合作研究

4.1.1 美国产学研合作主要发展历程

在美国产学研合作的发展历程中，有几个关键的里程碑事件。

1. 第二次世界大战期间的原子弹研发计划“曼哈顿”工程和第一台电子计算机ENIAC的研制

第二次世界大战期间，美国政府为了在战争中把握更大先机进而获得最后胜利，组织了国内高等院校的一大批世界顶尖级科学家参与由政府主导的科研成果创新项目，在较短时间内完成了多项科研成果转换项目，最为著名的就是“曼哈顿”工程和电子计算机ENIAC的成功研发。“曼哈顿”工程顺利实现了预期，美国制造出了原子弹，并在日本广岛和长崎两地投放，改变了第二次世界大战的格局，也改变了后来的世界秩序。在推进“曼哈顿”工程的过程中，科学家们提出了系统工程的思路和办法，为战后系统工程等学科和产业的发展奠定了基础。而第一台计算机ENIAC则由宾夕法尼亚大学莫尔小组负责研制，最初是为了进行弹道计算而设计的专用计算机。计算机最终在1946年2 月14日问世，标志着电脑时代的到来。第二次世界大战之后，美国政府将这一军事项目逐渐应用于其他领域，从而为创建国家层面的科技创新体系打下了坚实的基础。

2. 20世纪50年代初期斯坦福研究园的建立和硅谷的崛起

第二次世界大战后，在特曼教授的建议下，斯坦福大学创建了斯坦福研究园，早期以硅芯片的设计与制造著称，因而得名“硅谷”。硅谷后来逐步发展成为美国重要的电子工业基地，也是世界最为重要的产学研合作集中地。据统计，在硅谷择址的计算机公司大约有1 500家，附近进驻了一大批世界知名企业，它们以斯坦福大学、加利福尼亚大学伯克利分校等世界知名大学为依托，坚持市场化发展导向，成为世界同行的领军企业，其中就包括苹果、英特尔、思科、惠普、朗讯、英伟达等大公司，融科学、技术、生产为一体的发展模式历经几十年仍然充满蓬勃活力。

3. 协同创新联盟的建立

美国国家科学基金（NSF）为了提升国家技术的竞争力，组织成立了产学研协同创新联盟（I/UCRC），实施“实验研发激励计划”以促进大学与企业协同创新。在计划实施的过程中，NSF研究开发了研发推广、第三方经纪人参与大学与产业合作、以大学为基地的研究联盟三种模式。通过评估计算认为只有以大学为基地的研究联盟这种模式能够有效地促进协同创新和管理机制改善，因此这种模式在美国得以广泛应用。这种模式在1978年被命名为“产业／大学合作研究中心”。

此后，美国政府不仅直接资助技术创新项目，还着重在机制体制和环境完善等方面颁布了一系列法律法规，并实施了相关措施，以加快产学研合作的良性发展和不断创新，为产学研合作提供良好发展环境。美国政府主要采取了两种措施：一是自1981年起，宣布将研究开发的税费降低四分之一；二是自1982年起启动了小企业层面的创新项目。此外，为了促进企业与大学和科研院所的合作研发，1980—1986年，美国先后通过了一系列促进产学研合作发展的法律法规，包括《技术创新法》（1980年）、《小企业创新发展法》（1982年）、《全国合作研究法》（1984年）、《技术转移法》（1986年）等。

进入20世纪90年代，随着知识经济时代的全面到来，美国产学研合作创新的力度不断地加大，制度法律保障、环境建设等方面仍显著领先全球。虽然经历了2008年金融危机等挑战，但美国在科技创新和产业发展等方面仍然是世界的领头羊，仍然是全球最具发展活力的国家。据统计，美国2011年发明专利授权量219 614项，其中国内107 792项，国外111 822项，比中国的135 110项多84 504项，这无疑得益于几十年来以产学研合作为重要平台的科技创新体系的突出贡献。①

4.1.2 美国产学研合作的主要形式

1. 政府与大学的合作

从1971年开始，美国国家科学基金（NSF）开展了一系列产学研合作计划，这些计划旨在将产学研合作的主体，即基础性研发、应用型开发和工业生产体系进行有效联系，并提倡高等院校与实业部门结合共同申请产学研合作项目，进一步对实业部门参与投资的开发性创新产品进行重点资助。

2. 企业资助大学科研

采用这种产学研合作形式的企业大多是实力雄厚的大公司，其资助大学或科研机构的形式主要包括：第一，提供非专项科研补贴、捐款等；第二，赠予科研设备；第三，设立教学或研究职位（企业支付薪

① 数据来源：科学技术部《中国科技统计数据》（2012年），载中国科技统计数据网站（http://www.sts.org.cn）。

金），同时要求该学者必须研究企业感兴趣的课题。

3. 企业与大学合作科研

这类科研成果一般直接用于企业产品开发，合作方式主要有三种：第一，实业部门与高等院校以签订合同的形式确定合作项目；第二，实业部门对诸如项目风险较大的某些特定合作项目进行资助；第三，高等院校与实业部门共同派出科研人员，共同进行科学研究。

4. 企业与大学合作研究中心

这类研究中心通常设在研究型大学内，资助方为国家科学基金和相关企业。在这类研究中心中，企业对科研选题有特殊要求，一般做应用研究，研究问题多是探索在某一行业具有普遍性的技术问题。

5. 大学参加企业科研

这类合作形式在高技术密集区、合作环境良好的科技园区内发展得非常好。项目合作呈现多样化趋势，主要包括以下几种：第一，高等院校选派具有一定资历的教师进入企业进行进一步咨询服务和学术交流；第二，企业根据其自身需求到高等院校寻求相关研究人员；第三，企业派其科研人员进入高等院校接受相关科技培训。

6. 科技园与创新中心

美国大多数科技园区已经将高等院校的优秀人才资源和知识产权作为基础，创建高新技术科技园，进一步发挥带动作用。美国许多企业对科技园进行投资和建设，以增强科技园区的创新能力和竞争力。同时，政府部门也在此方面出台了大量优惠政策。

4.1.3 美国产学研合作主要指标分析

作为超级大国，美国一直引领发达国家的发展。从其产学研合作主要指标上看（见表4-1），有以下几方面的特点。

一是研发投入比重保持较高水平。美国R＆D经费投入长期保持均衡的小幅增长，GDP占比保持在2.6%以上。较高的研发投入，为科技创新和科技进步奠定了扎实的基础。

二是发明专利授权量保持均衡水平。美国国内国外发明专利授权量一直保持世界领先水平，年均增量虽然不大，但数额一直较大，说明美国研发基础比较庞大。

三是国内和国外的发明专利授权量均衡。国内发明专利授权量和国外发明专利授权量基本持平，这在其他国家是做不到的。这说明美国的研发市场化、国际化程度非常高，显著优于其他国家。

综合来看，美国近年来国民生产总值保持微量增长，但由于其经济发展基础雄厚，产业发达、科技领先，其发展后劲和发展优势仍然十分明显。

表4-1　美国主要产学研合作指标（2005—2011）

年度 指标	2005	2006	2007	2008	2009	2010	2011
GDP(亿美元)	116 604	131 686	131 183	137 612	142 724	142 724	143 943
研发投入(亿美元)	3 125	3 437	3 437	3 688	3 982	3 982	4 016
研发投入占GDP比重	2.68%	2.61%	2.62%	2.68%	2.79%	2.79%	2.79%
国内发明专利授权量（项）	84 271	74 637	89 823	79 527	77 501	82 382	107 792
国外发明专利授权量（项）	80 020	69 169	83 947	77 756	80 271	84 967	111 822
发明专利授权总量（项）	164 291	143 806	173 770	157 283	157 772	167 349	219 614

数据来源：科学技术部《中国科技统计数据》（2006—2012年），载中国科技统计数据网站（http://www.sts.org.cn）。

4.2 日本市场驱动型产学研合作研究

4.2.1 日本产学研合作主要发展历程

1. 第二次世界大战结束到20世纪70年代末

日本之所以能够在第二次世界大战前跻身世界强国之列，主要原因之一在于明治维新后大力发展科技，使日本的生产力得到了跨越式发展。第二次世界大战战败对日本的发展打击巨大，但从国家到民间，对依靠科技发展的共识却根深蒂固，战后将发展的重点从军用转移到民用上来。1955年3月1日，根据“生产力提高对策”的内阁决议（1954年9月24日），日本成立了“日本生产性本部”，并在其组织内部专门设立了“产学协作委员会”，用以推进财经界与学术界以及政府之间的协同关系，拟通过以产业界为中心的活动，进行经济政策、社会政策、福利政策等社会经济系统各方面课题以及有关生产力的调查和研究、信息的收集及提供，促使日本国民在解决社会经济系统课题方面达成一致意见，促进产学研合作深化，提高日本国民经济的生产力，为日本经济的发展、国民生活水平的提高做贡献。

1956年，日本政府正式批准了通产省的行业重组委员会提交的关于“产学教育体系”的咨询报告。1958年，日本文部省为了鼓励日本私营企业与大学或国家研究机构采取多种形式进行技术创新合作，设立了“委托研究制度”。1960年，日本政府在一年一度的“国民收入倍增计划”中，首次明确提出解决国民综合素质教育问题的一个重要途径是产学研合作。1964年，日本政府出台了“奖学捐赠金制度”，该制度规定企业可以对日本国立大学捐赠，提供学术研究经费或奖学金。

整个20世纪60年代至70年代，产学研合作在日本蓬勃兴起，产业技术创新也因此得到了长足发展。由于这一时期正是日本战后经济复苏的关键时期，企业对技术创新的需求和对专业技术人才、熟练技术工人的需求急剧攀升，在政府的大力引导和构建良好的外部环境下，产学研合作得到了全面推进，日本因此得以迅速摆脱战败带来的国民经济崩溃局面，培养了一大批企业急需的应用型人才，创造出了一大批先进的科学技术，总结出了一系列世界领先的管理理论，推行了不少先进的管理模式，促进了日本国民经济的快速发展，奠定了日本用较短时间重回世界经济强国之列的雄厚基础。

2. 20世纪80年代

进入20世纪80年代，日本已经成为全球经济实力最强的国家之一。然而，与其雄厚的经济实力相比较，日本在科研方面特别是基础科研方面的成果还不够成熟。为了加强日本在基础科学领域的创新型研究，从而促进由科研工作向市场化产品的转换，日本政府从1981年起构建了关于推动科技创新的相关制度，为了更加科学合理地进行管理工作，还组建了专门化机构“新技术事业团”来负责此事。① 同年，通产省制定了“下一代产业基础技术研究开发制度”，其中心内容是保证“政府、企业、大学”各方面力量相互协作和充分发挥各自的优势（邓存瑞，1989）。这两项制度都明确规定了通过产学研联合进行创造性研究的主题思想，也是较早提出就大学、政府和企业三者关系进行研究的文件，代表着日本“产学官”三位一体的合作科研体制的正式确立。此后，三者之间关系逐渐成为研究的主题。

为了促进产业界和高等院校之间的合作，1983年，日本文部省实施了“国立学校与民间企业等的共同研究制度”。这为民间企业与高等院校之间的合作提供了制度基础。此后，高等院校与民间企业的研究人员

① 1993年8月，驻日本福冈总领事馆科技组在中国科技论坛发表了《论“日本创造科学技术推进制度”的特点》一文，介绍了日本科学推进制度的特点、内容以及对我国的借鉴意义。

在科研领域的合作逐渐展开，陆续创造出一批批研究成果。为了鼓励高等院校研究机构及研究人员与企业进行技术交流，1986年日本政府设立了《研究交流促进法》。企业可以享用高等院校研究机构和研究中心的资源。这一政策的出台，加之推动产业技术发展的各项规章制度的建立，为日本产学研合作的深入开展提供了有效的法律保障。

3. 20世纪90年代至今

20世纪80年代后期，经济泡沫危机给日本全国上下以巨大的打击，也引起深刻反省。在泡沫危机来临时，日本发现本国的经济基础、科技实力和可持续发展能力还是比较薄弱，距离头号超级大国美国仍然有较大差距。因此日本决心吸取教训，加快科技创新投入，加强创新体系建设。1995年的《科学技术基本法》为日本此后产业技术创新与产学研结合的多次重大改革提供了契机，该法制定了一系列政策，确立了国家优先需要解决的课题，改善了产学研合作、技术创新的环境。1998年，日本政府出台了《大学技术转让促进法》，通过增设“共同研究中心”以及灵活有效的技术转让协议来加强企业与高等院校之间的研发合作；2000年出台了《产业技术强化法》，通过在大学内部设立专门的技术转移机构，将大学的发明专利转化为新兴产业急需的专业技术，与此同时，返还给研究人员一部分收益，以此深度完善和促进高新技术产业技术创新与产学研合作制度。

4.2.2 日本产学研合作的主要模式

在日本政府的大力引导和推动下，随着日本经济发展环境的改善，各种产学研合作模式（见表4-2）蓬勃发展，为日本的科技创新和经济发展注入了强大的动力。

表4-2　日本产学研合作主要模式

合作模式	具体内容
共同研究	将高等院校的科研基础和实业部门的技术特征结合，进一步在开展产学研合作过程中就项目的内容、用途和具体细节进行共同研究
委托研究	政府部门和实业部门委托高等院校进行相关项目研究，运作方式为政府部门和实业部门对高校进行经费资助，高等院校进而向相关部门提供研究成果，以帮助企业进行产品的市场化开发
委托研究员	中小型企业与高等院校展开合作，派其相关技术人员进入高校接受较高层次的培训指导，以把握相关领域的最新研究动态。这种产学研合作形式涉及多学科和多领域，可以为企业的长远发展提供知识和技能储备
教育捐赠财会制度	主要针对国立大学。政府将国立大学上缴国库的相关捐赠通过划拨方式返还给企业，使得企业有相对充足的资金设立科研机构和进行其他科研活动，以促进产学研项目的发展
共同研究中心	依托高等院校，由高校建立研究中心，使高等院校与实业部门具有共同的研究场所，并为实业部门的相关技术人员提供相应的科技创新培训

4.2.3 日本产学研合作主要指标分析

日本过去几十年的高速发展，创造了经济发展史上的奇迹。作为第二次世界大战战败国家，日本在战后重建中，向美国学习，大力发展产学研合作，走科技强国发展路径，取得了显著的发展成果。从其产学研合作主要指标上看（见表4-3），有以下几方面的特点。

一是研发投入长期处于高比重。日本R&D经费投入长期保持均衡的小幅增长，但其占GDP比重保持在3.2%以上，这是全世界都极其罕见的。研发投入较高，为科技创新和科技进步奠定了扎实的基础，成为日本保持科技发展优势的重要原因。

二是发明专利授权量保持均衡水平。日本国内国外发明专利授权量一直保持世界领先水平，年均增量虽然不大，但数额一直较大，说明日本的研发基础比较庞大，达到了非常高的水平。

三是国内国外发明专利授权量不均衡。从统计看，日本国内发明专利授权量显著高于国外发明专利授权量，说明日本国内技术市场非常活跃。

综合来看，日本的经济发展和其始终保持高比例科技研发投入、注重发展高新技术产业有很大关系。科技保持世界领先优势，巩固了其科技强国的地位。

表4-3　日本主要产学研合作指标（2005—2011）

指标＼年度	2005	2006	2007	2008	2009	2010	2011
GDP（亿美元）	34 567	45 435	43 805	43 837	48 866	50 751	54 847
研发投入（亿美元）	1 158	1 513	1 485	1 508	1 681	1 690	1 788
研发投入占GDP比重	3.35%	3.33%	3.39%	3.44%	3.44%	3.33%	3.26%
国内发明专利授权量（项）	112 527	111 088	126 804	145 040	151 765	164 459	187 237
国外发明专利授权量（项）	11 665	11 856	14 595	19 914	25 185	28 890	35 456
发明专利授权总量（项）	124 192	122 944	141 399	164 954	176 950	193 349	222 693

数据来源：科学技术部《中国科技统计数据》（2006—2012年），载中国科技统计数据网站（http://www.sts.org.cn）。

4.3　韩国市场驱动型产学研合作研究

4.3.1 韩国产学研合作主要发展历程

伴随着韩国手机、电视和汽车等高科技产品在全世界风靡，韩国的产学研合作引起了广泛的关注。其主要发展历程经历过三个阶段。

1. 基础培育时期

20世纪60年代的韩国百废待兴，历经了几十年的战争后，整个国家几乎没有工业和科研基础。为加快实现发展，韩国把人才培养作为首要任务来抓。颁布了《产业振兴法》（1963），实施产业发展与人才培养相结合的发展战略。随后，根据国家发展的战略需要，实施了《韩国科学技术研究院培育法》（1967），这是韩国最早期的产学研制度文件，对人才培育、产业发展、科技创新做出了部署。通过10多年的打基础，进入20世纪70年代，韩国的发展步入了快速增长时期。此外，国家通过立法的形式，开展了全国民的科学化运动，设立了产业技术联盟。针对一些重大课题，由国家层面组织力量进行攻坚，共同研究，并设立韩国科学财团，为产学研合作提供强力资助，打下了产学研合作良好发展的基础。这一阶段，韩国的产学研合作，重在技术模仿和引进。

2. 全面推进时期

进入20世纪80年代，在前20年打下的良好的基础上，韩国的工业化加快发展，高新技术产业快速增长，依托科技发展的后发优势开始体现出来。韩国也因此更加重视产学研合作，大规模建设了一大批国家科研机构，加大科技创新的推进力度。这一阶段，韩国的产学研合作已经从过去更多依靠引进和模仿发展转变为努力培养和增强自主创新能力。提升自主创新能力在这一时期被列为国家的基本政策，得到了强力的推进和大力的支持。一大批机制灵活、创新活力旺盛的中小企业得到了政府和社会资本的大力推助，日益成长壮大。一大批科技园、产业战略联盟等产学研合作平台不断涌现。国家也出台了《产业技术研究组合培育法》（1986）、《工业发展法》（1987）、《科学技术振兴法》（1991）等法律制度，通过建立产业技术研究联盟，搭建科技孵化平台、设立科学技术振兴基金等途径，促进了全国产学研合作事业的蓬勃发展。这一阶段，韩国在科技方面的自主创新能力显著加强。

3. 巩固提升时期

科技的全面繁荣和工业化的不断渗入，促进了韩国经济的快速发展。名列“亚洲四小龙”印证了韩国新兴工业经济体发展的突出成就。

进入20世纪90年代中后期，面对东南亚金融危机等挑战，韩国愈发感到科技强国的重要意义。在这一阶段，韩国更加注重从长远的角度布局全国的科技发展大局，1997年，制定了《科学技术创新特别法》，提出科学技术创新五年计划，并从建设国家创新体系的高度，对推动科技创新做了全面部署。进入21世纪，韩国积极把握新技术、新材料、新工艺发展的时机，着眼前沿技术研发，在应用研究领域取得了丰硕的成果。比较有名的产业有电视、汽车和手机，其中三星手机一度超越了苹果手机，占据全球最大手机市场份额，凸显了韩国科技创新的魅力。这一阶段，韩国的自主创新能力日益强大，在国际市场上具有强大的竞争力。

4.3.2 韩国产学研合作的主要模式

1. 政府主导重大研发项目

在产学研合作推进初期，由于国家经济基础和科研基础比较薄弱，韩国政府几乎包揽了重大研发项目，推进了先导技术开发等多项计划，官办科研机构负责组织研发成为其鲜明的特色。大学在这一阶段一方面注重加强人才培养，为国家发展奠定人才基础，另一方面积极开展科研活动，对产学研合作起到了积极的推助作用。在这种模式中，政府承担了大部分的研发经费，企业和高校因为发展基础比较弱，主要起配合和辅助作用。按一般规定，政府在大项目研发中，提供50%的项目资金，另外的50%一般由银行等金融机构提供。关于项目的成果，也充分与研发人员分享。这种做法极大促进了研发人员的积极性和创造性，韩国的科研成果转化率一直处于比较高的水平。

2. 共同开发项目

随着韩国经济的发展，各种社会力量和资源对科研的重视程度不断提高。更多的企业、高校和研究机构等开始有效联合起来，就共同关注的课题开展专项研究，共同开发项目。在这种合作中，涌现出了一大批创新愿望比较强烈的企业，它们拥有资金和市场等资源，通过结合高校、科研机构的研发力量，取得了显著的研发成果。

3. 政府搭建平台服务产学研合作

为推动韩国科技创新发展战略，韩国政府除了推出一系列比较完善的制度规范外，还搭建了各种服务平台推助产学研合作。比如产学研联盟事业，其主要功能是促进中小企业的技术开发。据统计，仅2009年，韩国产学研联盟事业投入的资金总规模达到977亿韩元，对项目的支持比率高达75%。

除此之外，委托研究、大学科技园等合作模式在韩国也实现了蓬勃发展。其中大德科技园区是韩国比较有名的大学科技园。大德科技园区内高新技术企业达2 000余家，有4所高等学府和70多所研究机构，是韩国最大的产学研合作基地，在生物技术、半导体等前沿技术和基础研究上具有显著优势，是韩国经济增长的主要动力源泉之一。

总体来说，韩国的产学研合作模式与美国等发达国家略有不同。美国等发达国家由于经济基础实力雄厚，在初期政府引导促进产学研合作后，市场迅速跟进，企业很快成为产学研合作的主体。而韩国由于发展初期国家弱小，不论是企业还是高校，经济基础和研发实力都比较薄弱，因此，通过政府的强力主导，才能有效解决国家在基础技术研发等方面的现实需求。所以，自始至终，韩国的政府主导型产学研合作影响深刻。但韩国通过科技快速发展步入发达国家行列后，市场氛围日益活跃，一大批有实力的领军企业积极推动科技创新，以科技创新促进产业发展，取得了显著的发展成果，从而形成了政府积极推进、企业发挥主导作用、高校和科研机构注重研发的良性创新体系，为韩国的发展带来了活力和动力。

4.3.3 韩国产学研合作主要指标分析

韩国和日本一样，都是在20世纪60、70年代后实现了几十年的高速发展，创造了经济发展史上的奇迹。经过第二次世界大战和朝鲜战争，和日本虽然战败但工业基础、人才基础还在不同，韩国几乎是一穷二白。吸收借鉴美国等发达国家的发展经验，韩国把科技兴国作为基本战略，重视人才培育，大力发展产学研合作，充分发挥政府的职能，有效调动市场的积极性，全力推进科技创新，取得了显著的发展成果。从其产学研合作主要指标上看（见表4-4），有以下几方面的特点。

一是研发投入长期处于高比重。韩国经济增长，主要动力来源于科技创新带来的产业发展。韩国R＆D经费投入长期保持均衡的小幅增长，占GDP比重保持在3%左右，尤其是2007年后，一直都超过3%，甚至达到3.74%，这是全世界都极其罕见的。研发投入较高，为科技创新和科技进步奠定了扎实的基础，成为韩国保持科技发展优势、甚至在部分领域实现赶超美国、日本的重要原因。

二是发明专利授权量较高。韩国国内国外发明专利授权量一直保持世界领先水平，尤其其总量甚至长期超越中国，排在世界先进行列，说明其科技创新氛围较好，研发基础比较扎实，达到了非常高的水平。

三是国内国外发明专利授权量不均衡。从统计看，韩国国内发明专利授权量显著高于国外发明专利授权量，说明韩国国内技术研发氛围非常活跃，成果比较突出，但从全国的综合科技实力来看，国际竞争力距离美国等还有一定差距。

综合来看，韩国经济的增长，和其始终保持高比例科技研发投入、注重发展高新技术产业有很大关系。科技创新不断涌现，使韩国的经济发展始终保持比较充足的活力。

表4-4　韩国主要产学研合作指标（2005—2011）

年度 指标	2005	2006	2007	2008	2009	2010	2011
GDP(亿美元)	6 702	7 860	8 854	9 712	9 731	9 315	10 134
研发投入(亿美元)	191	235	286	337	328	313	379
研发投入占GDP比重	2.85%	2.99%	3.23%	3.47%	3.37%	3.36%	3.74%
国内发明专利授权量（项）	35 284	35 285	89 303	91 645	61 115	42 129	51 404
国外发明专利授权量（项）	13 784	13 785	31 487	32 060	22 408	14 603	17 439
发明专利授权总量（项）	49 068	49 070	120 790	123 705	83 523	56 732	68 843

数据来源：科学技术部《中国科技统计数据》（2006—2012年），载中国科技统计数据网站（http://www.sts.org.cn）。

4.4　其他发达国家的产学研合作研究

4.4.1 英国产学研合作研究

英国曾以引领工业革命为契机而成为世界经济发展龙头，在科研成果和工业技术方面引导着世界经济的发展。然而，进入20世纪以后，英国一度被经济衰退拖累，尽管仍然具备强大的科研能力，但是也面临很多欧洲国家存在的困境：虽然其科研成果会在全球范围内起到重要推动作用，然而自身经济并不能得到有力推动。20世纪80年代之后，经过不断地深入研究，英国政府认为这种研发能力与科技转化能力的错配在于注重理论研究方面的同时，忽略了技术成果的推广与应用。为了改变这一状况，英国政府采用制度政策重建和完善、实施相关产学研计划等手段大力推广产学研结合模式，促进产业和科研的结合，逐步形成了产学研协同发展机制。

1. 制度与政策重建

在制度与政策重建方面，英国政府主要通过以下三方面来完善，并以此为产学研的发展提供了保障。

第一，英国政府对高等教育模式进行了改革，促进了高等院校与实业部门的合作。英国高等院校长期以来呈现“学院派”特征，极为注重科学研究，而与社会的联系较少。英国政府针对这一情况，对高校教育体系进行了改革，颁布了改革法案，以开展多样化的教学方式，将教学研究与社会需求相结合。通过制度推进，英国国内成立了诸如“教学公司”“研究生综合培训计划”等众多产学合作计划。1992年，英国政府颁布《继续和高等教育法》，设立英格兰、苏格兰和威尔士等教育基金委员会，2003年英国政府发布了白皮书《高等教育的未来》，进一步强调了在高等教育机构和实业部门之间的科研成果和相关技术的转换应用合作，并在2005年和2006年为高等级教育基金投资1.7亿英镑来保障这种合作的顺利进行。

第二，通过颁布相关科技政策推动产学研合作。英国政府在20世纪80年代起就制定了一系列科技政策以及配套的法律法规，以鼓励科技创新，加快科研成果的应用型转化。之后，随着国际竞争的白热化，英国财政部门在年度支出报告中进一步提出了加大科技投入规划。此外，英国政府还发布了《投资与创新》战略规划，明确了通过增加投入促进产学研结合的战略。

第三，除了对高校教育模式进行改革和颁布科技政策进行促进之外，英国政府对于这两者的管理结构进行了政策和制度调整，也促进了产学研的发展。一是从制度上建立高等院校和工业产业之间的联系，构建多样化的组织机构和协作制度。二是完善相关法律法规，为高等院校与工业产业之间的合作提供法律保障。

2. 产学研合作的主要模式

（1）英国政府制定了专业的产学研合作计划。其中，比较典型的合作计划有“联系计划”和“法拉第合作伙伴计划”。

①联系计划。联系计划是由英国政府12个相关部门于1986年共同构建的产学研合作计划。该计划旨在解决产学研合作发展中，科研机构和企业合作开展商业化运作前的相关工作。联系计划要求规划的项目必须由企业和科研机构共同申请，进一步的资金配套方面，主要由企业和政府共同承担。根据政府的出资比例，联系计划的资助项目主要分为三类，分别是产品研究类项目、科研成果产品化项目和核心科技创新类项目。政府对产品研究类项目的自主比例最小，为25%，对核心科技创新类项目资助比例最大，为50%。通过将近20年的运行，2003年英国政府通过第三方对联系计划的执行效果进行了独立审核评判，其结论是，联系计划已经产生了相当多的产学研结合成果，并且可以作为推广计划在英国国内继续运行下去。

②法拉第合作伙伴计划。与联系计划的发起主体主要是政府不同，法拉第合作伙伴计划的发起主体是民间组织。法拉第合作伙伴计划于1997年起正式开始实施，其发展目标是建立一个由多所高等教院校、金融机构、企业和独立科研单位组成的产学研合作组织。法拉第合作伙伴计划的运作方式主要是先构建基于不同行业的联盟，再由与该行业相关的高等院校、科研单位和企业加入该联盟，并承担一定义务，且享有一定权利，进而由多种类型主体共同对市场需求、产品需求和研发能力进行综合和拓展，来促进从科技成果到市场产品的转变。早在2003年，英国已经存在超过20个法拉第伙伴组织，这些组织涉及超过50所高等院校、超过25家科研单位和超过2000家企业。尽管法拉第合作伙伴计划是由民间组织发起的，但英国政府也给予了支持，英国政府对法拉第伙伴组织的资助金额已经超过5000万英镑，同时贸易工业部等部门也根据法

拉第伙伴组织每三年一次的考核结果给予资助，每个项目每年最多可以得到40万英镑的资助。

③综合联系方式。综合联系方式主要是在高等院校和生产企业间进行的、基于多学科的研究和产学研开发。综合联系方式的主要运作模式是选派生产企业的管理人员和年轻工程师到高等院校进修，进而针对公司的具体需求进行个性化研发。

④教学公司计划。教学公司计划开始于20世纪70年代，是由英国高等院校和工业部门共同开发的一种产学研合作形式。该计划促进产学研发展的主要方式是通过企业和政府的资助，使高等院校与企业建立固定合作关系，从而为企业培养高级技术工作者并致力于对企业生产水平进行改进与优化。

⑤科学园。科学园指在科研基础较高的高等院校附近设立的，以促进本地经济发展为宗旨，以高等院校与企业合作为内容的产学研合作项目。自20世纪80年代，英国国内，特别是剑桥地区成立了数目众多的高科技企业，它们依托剑桥大学，致力于在科学项目下将知识产权转化为产品进而产生收益，此举对剑桥地区经济的发展起到了巨大的正向推动作用。

（2）英国政府通过构建具有区域特征的技术交流平台来促进产学研合作项目的发展。这种技术交流平台和网络的搭建主要是帮助技术密集型企业更加高效地从高等院校和科研机构获得其所需的相关技术。以伦敦LTN公司为例，该公司的运作模式是通过对伦敦各大学的一线教师进行商业培训，以方便其担当网络平台联络人员，这些联络员的主要职责是收集其所在大学的相关研究信息，并将信息通过网络平台进行归类汇总，进而方便企业与感兴趣的信息进行匹配。

（3）英国政府通过设立知识转移基金，支持高等院校进行知识产业化。为促进高等院校和科研院所的相关成果产业化，英国政府通过设立知识转移基金、出台相关计划并成立技术转移办公室来促进产学研结合。

①知识转移伙伴计划。知识转移伙伴计划于2003年由英国贸易工业部将原来的教学公司计划和产学伙伴计划合并而成立并启动。知识转移伙伴计划主要涉及三个主体，分别是知识转移伙伴计划联系人、企业和知识库单位。知识转移伙伴计划的运行方式是由企业首先发起，以企业发展需求与面临的问题向知识转移伙伴计划组织进行咨询与寻求帮助；进一步，知识转移伙伴计划组织向企业提供匹配的知识库单位，该单位再与企业进行深入协商最终形成知识转移伙伴计划申请书并提交贸易工业部审批与申请资助。

②知识转移基金。由英国政府设立的知识转移基金作为知识转移伙伴计划的有益补充，在一定程度上弥补了产学研合作中的融资难问题。知识转移基金主要用于向高等院校提供产学研结合方面的资金支持。具体而言，高等院校参与与企业合作、向企业出售知识产权、创办企业和为工科类毕业生提供培训方面都可以得到知识转移基金的资助。仅在英格兰成立的知识转移基金就有数十个，比较著名的有大学挑战基金、高等教育创新基金等。其中，高等教育创新基金更是被英国政府作为永久稳定的基金为高等院校提供相关资助。

③技术转移办公室。技术转移办公室是由英国国内的高等院校发起并设立的，主要目的是为了促进大学技术成果向社会的转移。技术转移办公室项目中，极为瞩目的是牛津大学的ISIS创新公司。ISIS创新公司的主要工作是从研究人员角度出发，向研究人员提供将其研究成果进行产业化过程的商业化服务，包括咨询、专利申请和成果转移三大类。此外，ISIS创新公司还依托牛津大学，对牛津大学的知识产权进行评估和市场化拓展。

3. 英国产学研合作主要指标分析

英国曾经是世界的头号强国，两次世界大战后，虽然英国的世界地位有所下降，但其综合国力和发展状况一直世界领先。从英国的产学研合作主要指标上看（见表4-5），英国的研发投入较低，R&D经费投入长期处于较低水平，占GDP比重保持在2%以下，在西方发达国家中是比较低的。研发投入比例偏低，对英国的发展还是产生了较大影响，多年来英国经济发展水平始终保持低位徘徊状态。

英国欲重振大国雄风，只能靠科技创新和科技进步来实现，但以近年来英国的综合发展情况来看，R&D经费投入长期处于偏低水平，使其增长乏力。

表4-5　英国主要产学研合作指标（2005—2011）

指标 \ 年度	2005	2006	2007	2008	2009	2010	2011
GDP(亿美元)	17 127	22 247	23 989	28 101	21 818	22 527	22 670
研发投入(亿美元)	310	396	427	503	408	410	399
研发投入占GDP比重	1.81%	1.78%	1.78%	1.79%	1.87%	1.82%	1.76%

数据来源：科学技术部《中国科技统计数据》（2006—2012年），载中国科技统计数据网站（http://www.sts.org.cn）。

4.4.2 德国产学研合作研究

德国自第二次世界大战后得益于良好的经济发展模式，现已成为全球经济和科技强国。德国在经济发展中的优异表现与其领先世界的科技水平和创新能力是分不开的。在产学研合作发展中，德国也依靠其严谨的思维和执着坚持为产学研合作模式塑造了众多经验模型。

1. 德国产学研合作的形成条件

第一，德国完备的法律体系为其产学研合作奠定了充足的制度基础。德国高等院校学生的成长过程都伴随着严谨的法律保护，对高等院校的自治、学术交流的开放和学生接受教育的平等等方面法律都有明确的规定。正是由于科学的法律体系，高等院校的学生才有机会积极参与社会实践并在经济上独立，这种独立也使德国在开展产学研合作项目的过程中，具有一定社会实践能力的高校学生可以参与其中，使得项目获得了人力优势。

第二，政府的适度参与为产学研合作的战略性发展增加了保障。德国的教育体制实行区域自治，即对教育的管理和立法权限都属于地方政府，联邦政府无权过分干预。进一步，高校的教学与行政管理主要由高校自治，州政府不会直接参与管理。这种管理体系使高校可以根据自身特点，设置适合本校发展的针对性管理措施和教学模式。在发展产学研合作中，政府的适度参与主要体现在根据高校的需求，向高校进行资金资助，用以改善其教学和科研环境，并分担高等院校科技创新过程中的风险投资，以促进科研成果向市场化产品的顺利转换。

第三，高等院校、科研机构和企业的深度合作成为产学研合作的不竭动力。德国产学研机构的合作关系早已具备稳定性和长期性，因而不像其他国家那么需要政府在产学研合作中进行主导。在德国的产学研合作中，高等院校的主要职责是输送人才，而企业和科研单位可作为人才的实践基地和科研场所，因此从宏观上看，德国的人才模式是在高等院校、科研机构和企业三种不同类型机构交替培养下形成的。这种培养模式也细化了产学研合作项目，从而使各方可以更深入地在某一具体项目上进行长期稳定合作。

2. 德国产学研合作的模式

基于德国在产学研合作发展中的条件，其产学研合作已经形成了不同类型的合作模式。

从运作方式上来看，德国产学研合作模式可以分为三类。第一类是双元制教育模式。双元制教育模式的运行方式是以企业为出发点，企业根据自身需求提出合作计划，进而根据计划中的合作内容、合作方式、期限、资金投入等因素来寻求与其匹配的高等院校，再进一步磋商，最终达成合作计划。第二类是以市场为核心的产学研合作模式。这种模式下，企业不是根据自身需求，而是基于市场需求，首先全额出资寻求与其合作的高等院校，进而与高校针对市场共同研发市场化产品。第三类是顾问合作模式。这种模式是以高等院校为出发点，在高等院校与企业的产学研合作中，派教师担任企业顾问，为企业提供技术支持和管理咨询。

从具体项目内容来看，德国产学研合作项目大概有四类。第一类是大型研究中心，这类研究中心以海姆霍茨研究中心为代表。海姆霍茨研究中心通过与高等院校进行合作实现资源共享，高等院校可以使用研究中心的设施设备，而研究中心可以在跨学科方面分享高等院校资源。两者的合作不仅提高了双方的科研能力，更进一步共同提供咨询服务并参与双方所在单位的执行项目。第二类是技术转移中心。德国的技术转移中心与英国类似，主要是为区域经济服务。技术转移中心与地方性高等院校保持合作关系，将其服务重点定位于中小企业，进而基于区域化优势开拓市场。第三类是科技园区。德国科技园区数量仅次于美国，早在2000年就超过了120个。德国科技园区的特点是规模小，这种小规模的科技园区主要依附于高等院校，这种方式也使产学研合作更具先天优势，在促进科研成果转移过程中也更具灵活性。第四类是跨学科教育和研究机构。这类机构在开发项目时充分发挥跨学科优势，以便于解决复杂系统问题。

3. 德国主要产学研合作指标分析

德国原来拥有较为雄厚的工业基础，第二次世界大战战败后，德国在重建中高度重视科技，产学研合作蓬勃发展。在科技创新的带动下，德国经济迅速恢复到较高水平，“德国制造”享誉世界。从其产学研合作主要指标上看（见表4-6），有以下几方面的特点。

一是研发投入长期处于较高水平。德国R&D经费投入长期保持均衡的小幅增长，占GDP比重保持在2.5%以上，达到了比较高的水平。研发投入较高，为科技创新和科技进步奠定了扎实的基础，成为德国工业和高新技术保持强大竞争力的重要原因。

二是发明专利授权量波动较大。德国国内国外发明专利授权量一直存在波动的现象，发展不是很均衡。

三是国内国外发明专利授权量不均衡。从统计看，德国国内发明专利授权量显著高于国外发明专利授权量，说明国内技术市场非常活跃，而国际化还有待加强。

综合来看，德国经济的增长，和其始终保持高比例科技研发投入、注重发展高新技术产业有很大关系。科技保持了德国世界领先优势，巩固了其科技强国的地位。

表4-6　德国主要产学研合作指标（2005—2011）

指标 \ 年度	2005	2006	2007	2008	2009	2010	2011
GDP(亿美元)	27 349	22 943	29 170	33 150	33 333	33 309	32 837
研发投入(亿美元)	681	686	738	842	940	926	926
研发投入占GDP比重	2.49%	2.99%	2.53%	2.54%	2.82%	2.78%	2.82%
国内发明专利授权量（项）	12 925	13 084	15 457	12 977	12 639	10 284	22 183
国外发明专利授权量（项）	3 736	3 979	5 577	4 762	4 669	4 151	4 048
发明专利授权总量（项）	16 661	17 063	21 034	17 739	17 308	14 435	26 231

数据来源：科学技术部《中国科技统计数据》（2006—2012年），载中国科技统计数据网站（http://www.sts.org.cn）。

4.4.3 新加坡产学研合作研究

新加坡是“亚洲四小龙”之一，国家虽然很小，但经济却很发达，跻身发达国家行列，其注重科技创新，大力推进产学研合作功不可没。

第一，根据产学研合作性质特征调整和细化科技管理机构职能，并着重增强服务水平。新加坡政府非常注重科技创新，因此在政府机构中对不同类型的产学研项目的科技创新由对应的机构进行管理，并增设和调整了部分机构，以细化科技创新的服务支撑体系。新加坡政府于2002年将国家科技局更名为科学技术与研究局，更加注重科技创新和科学研究的作用，新组建的科学技术与研究局主要针对实业部门和科研机构的产学研合作研究项目进行管理和服务。同时，新加坡政府以原贸易发展局为基础组建了新的国际企业发展局，以适应企业的国际化趋势，并力图在国际化需求方面可以切实帮助企业发展。进一步，新加坡政府于2006年成立了两个国家层面的战略机构，即由新加坡总理亲自担任主席的研究、创新和企业理事会及直属中央政府的国家研究基金会，前者属于咨询机构，主要职责是为产学研合作中的企业发展战略和相关政策制定方面提供国家层面的战略规划，后者主要是通过资金的运作来协助前者实施。

新加坡政府的其他部门也被分工，分别服务于不同类型的创新研究活动。教育部主要负责对基础性质的教学和学术研究进行管理和服务，卫生部则对医疗保健方面的研究进行指导与支持，还有诸如经济发展局和标准、生产力与创新局等部门也有具体的分工。

第二，新加坡政府针对产学研合作项目制定了相关政策并投入大量资金以满足项目发展过程中的科研需求。企业作为经济发展的主要经济主体，向来是新加坡政府关注和支持的重点，为了推动企业科研创新，并抵制不正当竞争，新加坡政府一直以来都以严厉的政策法律来保障企业发展的外部环境。新加坡政府为了在除邮电、交通等十部门之外的相关行业构建公平竞争的氛围，于2004年颁布了《公司竞争法》。新加坡政府于2005年修订了《版权法》并使之生效，该法将原来的侵犯知识版权行为仅面临民事诉讼进一步升格为将面临刑事诉讼，这种对侵权的打击力度，从性质上是对侵犯知识产权行为进行管理，遏制了侵权行为，保障了新加坡企业在进行产学研合作中科技创新的安全性。

此外，新加坡政府还对产学研合作中的科技研发给予资金支持。早在2007年，新加坡政府对产学研合作的科技创新资金的支持就超过了90亿美元，超过了其国内生产总值的2.5%，并承诺对相关领域的资金投入会逐年上升。

第三，新加坡政府制定了科学合理的战略规划，为产学研合作项目的长期发展提供了保障。为了保证各种产学研合作项目可以得到长期良性发展，并给予这些项目长期支持的预期，新加坡政府推出了不同种类的战略计划，其中最为重要也最受关注的有三种。一是，技术提升计划。该计划启动于2002年，是由新加坡政府科学技术与研究局和生产力与创新局等5个科技相关职能部门共同组建的，该计划的核心是促进跨行业共同融资，以利于形成复杂工程的科研力量，并学习相关融资经验。此外，该计划还启动了科研机构与实业部门的对接项目，将科研机构相关人员派驻到企业，促进科研成果的转移。二是，21世纪科技企业家计划。该计划启动于1998年，初衷是为中小企业产学研合作项目中的科技创新提供融资，并进一步以建设科技城为优秀企业提供集约化发展场所为重点。自该计划启动以来，新加坡政府已经为数千家科技型启动项目提供了资金支持，完成了建设科技城的总体规划，计划投资超过150亿新元并于2020年前完成整体建设。三是，智慧国2015计划。该计划是2006年开始启动的，主要包含战略目标、框架内容和发展策略三部分。该计划战略目标主要为在新加坡国内创造超过8万个就业机会，其中包括超过5万个科技通信类技术性工作和超过2万个相关服务类岗位；家庭中若有学龄儿童，则保证其拥有电脑；力争科技通信类产业产值在2015年翻一番，超过260亿新元，并在此产业促进经济与社会发展方面的带动能力领先于全球。该计划的内容主要有三方面，主要是加强科技通信类行业的基础设施建设，开发新一代科技通信类全国网络，进一步推动该行业对全社会的贡献。该计划的发展策略主要是提升当地科技通信类企业的综合实力，利用科技通信提升众多经济领域的增长质量，并多层次培养相关技术人员和高级工程师。

第四，新加坡政府对产学研合作项目中的科技服务机构给予了重点支持与扶持。新加坡政府意识到科技服务机构对产学研合作的重要性，因而对这些机构的发展给予了大量优惠政策和资金支持。新加坡已经有超过50家的科技孵化器和超过150家针对这类项目的风险投资公司。也正是由于这些服务机构的快速成长与发展，新加坡国内科研成果向市场化产品的转移速度处于亚洲乃至全球的前列。事实上，早在2003年，新加坡政府相关部门就投入1 000万新元用于支持这类服务机构，并启动了企业促进计划，以利于将这种形式的支持固化成长期发展策略。

第五，新加坡政府大力支持中小企业进行科研创新。新加坡国内的企业中，超过90%以上的企业是中小企业，而这些企业解决了超过二分之一的国内就业岗位。可以说，中小企业是新加坡经济的重要动力。正因为如此，新加坡政府实施多层次和多样化的措施为中小企业的科研创新提供便利。新加坡政府在21世纪初制定的十年发展计划中就明确了对中小企业进行大力扶持的目标，即扶持并培养多元化的科技创新型中小企业，并构建基于知识产权与信息化特征的企业发展环境。为了促成这一目标，新加坡政府部门组织并成立了相关的委员会，进行具体化实施。通过这一计划的实施，新加坡国内的中小企业在规模与实力上都有了很大程度的提升。早在2007年，新加坡的企业就从1999年的10万家增加到了17万家，而前500强中小企业的利润总和更是由1999年的7 000万新元增加至6.6亿新元。

第六，新加坡政府发展人才强国战略，为优秀人才提供发展沃土。新加坡政府在发展产学研合作项目中，充分意识到优秀人才的战略重要性，因此在人才培养上也运用了内外结合的方法，即培养本地优秀人才和引进优秀人才。在培养本地优秀人才方面，新加坡政府通过不断增加基础教育和高等教育方面的投入而在全国范围内形成了良好的知识储备体系，进而可以培养具体化和专业化的技术型人才和管理型人才等；在引进优秀人才方面，新加坡政府通过各种优厚的薪酬和良好的工作环境吸引国外精英，并通过制定留学政策，吸引国外优秀学生到新加坡留学。通过不断完善的政策和措施，新加坡已经有超过10万名优秀外籍人士在新加坡工作，其中高等院校接近一半为外国教师，而在产学研合作项目中有超过30%的科研人员来自国外。

4.5 国外产学研合作对我国的启示

通过研究国外的产学研合作实践经验，我们得到如下启示。

第一，要妥善处理利益主体关系。产学研的合作是在市场条件下，将各个经济主体的优势相互结合形成利益共同体的过程。从企业角度出发，将相关科研成果转化为市场化产品是企业追逐利润的手段和过程，因而产学研合作开始，就被赋予了追求效益的使命。从高等院校角度分析，一方面，其科研成果的获得付出了成本，另一方面，科研成果转化为收益需要与企业进行互补合作，但其对市场经济的熟悉程度不如企业，逐利欲望也弱于企业。由各国实践经验可知，由于涉及利益，各博弈方都会尽可能根据市场变化对其利益进行最大化索取，因而在基于高等院校和企业的合作之初就需要政府的统一协调，政府的协调可以使不稳定的博弈关系趋于均衡状态。

第二，要充分发挥市场作用。国外发达国家的产学研合作，坚持了市场化的导向，以各类企业为主体进行资源配置，发挥了市场在资源配置中的决定性作用。政府注重宏观政策的配套，而市场上的经济行为，则是由市场自行决定。正因为如此，发达国家的市场氛围比较活跃，企业以追求利益最大化为目的，资本也保持了逐利的本性，各类生产要素根据自身利益的需要，敏锐把握商机，预判市场走向，积极投入市场交易。除企业和高校、科研机构本身具有强烈的市场发展需求外，中介服务机构、风险投资等各类配套平台也异常活跃，共同构筑了繁荣和有活力的产学研合作市场。这种以市场驱动型为主的产学研合作格局，对发达国家的科技创新和科技进步起到了至关重要的作用。

第三，将政府作为产学研合作的重要保障。如上文所分析，产学研合作初期为了保证稳定的博弈关系，需要政府统一协调。事实上，各国的经验表明，产学研合作之初大多数是由政府主导进行的。政府对产学研合作的保障还在于，通过参与产学研项目可以制定适合产学研发展的制度，并且颁布有利于产学研发展的相关政策，为产学研的快速发展构建良好的外部环境。进一步，政府的这种地位会随着利益方对市场经济运作和项目合作的不断深入而有所弱化，由主导发展逐渐转变为引导合作。同时，政府的保障作用还体现在其推动科技成果产业化转变的优势和力量。特别是，对于正外部性较大的合作项目，项目本身收益可能微乎其微，然而对全社会收益会起到正向作用。这种情况下，产学研合作方没有动力进行成果转化，这时政府只有通过相关政策优惠、财政补贴等方式，使参与者的收益可以达到正常利润水平，才能吸引主体进行项目开发。此外，政府的保障职能还体现在对于知识产权的制度性保护和完善。特别是对高等院校来说，其在知识产权转换过程中的利益分配中处于弱势地位，只有通过完善的制度保障，才能保护其合法权益。

第四，要加大R&D投入。纵观美国、日本、韩国、德国等发达国家的年度科技研发投入情况，科技研发投入占国民生产总值的比重均超过了2%。这个比例也是创新型国家的重要指标。其中日本、韩国等发达国家，科技研发投入占国民生产总值的比重长年高于3%，这两个国家的发展势头和后劲也明显好于英国等发达国家。因此，我国要以产学研合作促进创新体系建设，在研发投入上还需要加大。

第五，注重科技示范园区的搭建。科技示范园区的构建基础是依托科研实力较强的高等院校，利用其科研基础与人才优势发挥高新技术的带动效应，从而缩短将知识成果转化为效益的时间。同时，随着国际竞争激烈程度增加，科技示范园区已由最初为企业服务的单一功能平台逐渐演变为区域储备高新技术人才和发展高新技术的集聚地，进一步成为各国政府引导战略规划发展方向和增强国家创新动力的始发地。由各国的实践经验来看，建立科技示范园平台不仅仅是为追求高收益，这些平台还承载着其他重要功能。一方面，科技平台用以资助高等院校、科研院所进行科技成果转移；另一方面，科技平台对加强高校与企业之间的互动关系，在长期营造产学研合作氛围方面具有重要示范作用。从各国发展趋势来分析，科技示范园区即将成为未来产学研合作的最主要方式。

第六，善用科技中介机构平台。尽管各国在产学研合作过程中开展了各种项目以促进高等院校和企业完全匹配，然而从各国的实践经验来看，无论是企业要找到适合自身生产特点的高等院校，还是高等院校试图找到适合自身科研性质的相关企业都存在一定难度。这种情况带来的不仅仅是项目成本的增加，更有可能造成项目的失败。科技中介机构的出现可同时解决企业和高等院校面临的困境。美国很早就建立了科学合理的科技中介服务企业，比如专门针对小企业产学研合作发展而建立的小企业发展中心和信息中心。英国则从私人企业层面、政府层面和公共层面构建了科技中介服务框架。私人层面的科技中介机构主要以盈利为目的，是英国科技中介机构的主要组成部分，公共层面的科技中介机构主要是由国内顶尖科研机构组成的，是科技中介服务的精英部分，而政府层面的科技中介机构主要是基于区域特征，用以促进某一区域的高等院校与企业的产学研合作匹配。这三个层面的科技中介机构具有互补性，可以为全方位满足不同需求服务，是英国产学研合作得以迅速发展的润滑剂。

第七，大力推进国际产学研合作。国际上，特别是发达国家产学研合作起步较早，整体方案设计较成熟，加之拥有雄厚的经济实力，已经成为国际产学研合作发展的风向标。我国应该结合客观现实，向发达国家学习，进一步可以从政府层面出发，推动区域科研人员与发达国家科研人员、高等院校进行深入交流和合作，并鼓励企业与国外相关科研单位合作而充分利用其先进的科技力量。

4.6 本章小结

美国、日本、英国、德国等发达国家是全球推行产学研合作的典范，它们在制度的建立、环境的营造等方面下大功夫，充分发挥政府职能，同时，也都兼具一个鲜明的特点，即在发展初期，对重大基础项目的产学研合作，由政府牵头、市场参与。但由于其资本主义制度的特性，经济发展强调市场发挥主体作用，因此很快在合作中就发挥了市场驱动的主体功能，形成了具有较强驱动力的利益机制。而政府更多的职能，是根据市场发展的需要，不断修改完善政策法规，搭建中介服务平台和保障体系，为产学研合作提供到位的服务，使市场主体可以更方便地开展经营、研究和成果转化等活动。由于氛围和机制灵活，适应市场发展需要，因此发达国家在一系列前沿科技领域中一直保持绝对的领先地位，获得其国家的核心竞争力。

5　我国产学研合作的现状、问题与成因

5.1　我国产学研合作发展历程

我国产学研合作的发展，与我国的经济体制发展变化相适应，也前后经历了三个阶段，但由于起步晚，相应阶段较世界发达国家经历的三个阶段明显滞后。第一阶段是20世纪90年代以前由政府绝对主导重点项目攻坚时期；第二阶段是从20世纪90年代初以来政府主导、鼓励企业参与的朦胧发展时期；第三阶段是政府倡导、推动以市场为主体的产学研合作时期。各个时期的模式变化，都与经济体制改革的总体思路紧密相关。

5.1.1 政府绝对主导阶段

改革开放以前，我国实行计划经济体制，绝大多数事情都是“计划”说了算，所以当时的产学研合作毫无疑问都由政府绝对主导，几乎没有民间组织或民间经济体能在产学研合作上发挥作用。高校、科研机构都是标准的事业单位，企业基本都是公有制，所以产学研合作，都是在政府全盘统筹下推进的，用于解决重大科研项目的攻关，其中大部分项目都涉及军工产业或是重大民生项目。比如学术界和军工企业联合攻关研制“两弹一星”；比如“解放牌汽车”“国产仿制直升机”“五九

式仿制坦克”“收音机”等产品研发项目，都具有鲜明的时代烙印，在当时具有重大社会影响力。我国用了近30年时间，实现了从建国初期连螺丝钉都需要进口，到改革开放前国家已经建立起门类相对齐全的、独立的、比较完整的工业体系的飞跃，工业生产总产值从1952年的343.2亿元，增长到1980年的4 992亿元，按照可比价格，28年间增长17.9倍，年均增长11%。在这一时期，国家的产学研布局基本都是以国家层面统一调控为主，比如，依托鞍山钢铁厂建设了鞍山工学院；依托东北军工业基地的布局，哈尔滨工业大学和哈尔滨工程大学相应设立；青岛作为海洋产业基地和海军基地，相应建立了青岛海洋大学，学科服务产业的指导思想比较明确。这种格局，都是完全在政府的主导下形成的，具有鲜明的行政色彩和地理分布特色，而且其中地理分布更多的是依托自然资源分布状况进行产业布局。改革开放后到20世纪90年代初这一阶段，虽然国家已经从计划经济逐步向市场经济转型，但在过渡时期，我国的高校、科研院所的管理体制仍然没有改变，企业作为市场经济主体的作用也没有充分体现，所以产学研合作仍然处于政府绝对主导的阶段，对产学研合作的理论研究也开展不多。

5.1.2 政府逐步引导阶段

随着我国国民经济的发展，国家对产学研合作的重视程度不断提升。1992年，原经济贸易委员会、教育部、中国科学院根据中央的政策导向，开始组织实施“产学研联合开发工程”，对我国产学研合作的推进和理论研究的深化起到了强力的推助作用。1995年，中共中央、国务院正式出台了《关于加速科学技术进步的决定》，提出了科教兴国战略，并提出要继续推动产学研三结合，标志我国产学研合作进入全新的历史时期。1999年，中共中央、国务院出台《关于加强技术创新，发展高科技，实现产业化的决定》，提出要根据优势互补、利益共享的原则，建立双边、多边技术协作机制，要加强企业与高校、科研院所的联合协作。一大批学者围绕国家总体战略布局，借鉴国际经验，对产学研合作问题进行了系统研究，积累了大批研究成果，其中理论借鉴、归纳总结、案例分析、比较分析等方面的理论研究成果比较多，为我国产学研合作在实践中的推进提供了理论指导和实践借鉴。

5.1.3 政府引导与市场驱动相结合阶段

2006年2月，我国颁布实施了《国家中长期科学和技术发展规划纲要（2006—2020年）》，标志着我国产学研合作进入了全面创新发展的新阶段。《纲要》明确提出，要以企业为主体、产学研结合的技术创新体系作为全面推进国家创新体系建设的突破口。值得强调的是，在这一阶段，从国家层面更加注重产学研合作的市场化导向，更加重视企业主体作用的发挥。在良好宏观政策的引导下，我国的产学研合作平台不断创新，高新技术开发区、产业园区等合作平台不断发展，促进了我国高新技术产业的迅猛发展，产学研合作取得了丰硕的成果。

5.2　我国产学研合作现状

5.2.1 宏观政策影响巨大

按照科斯的交易成本理论，产学研合作的核心，其实就是产权和交易问题。我国的经济体制经历了漫长的转变和演变过程，从计划经济体制向市场经济体制转变，对什么是市场经济，如何建立、调整和完善市场经济体制，有一个认识调整和政策调整的问题。产学研合作作为一个市场行为，受经济体制调整和改革的影响非常巨大。在计划经济时代，产学研合作基本都是在政府指令下推进。改革开放后，虽然理论建设有所创新，但产学研合作过程中涉及的产权和交易等活动仍然受到当时的政治经济体制影响，并在历次深化经济体制改革中得到不断推进。比如，我国在1995年正式出台了《关于加速科学技术进步的决定》，提出了实施科教兴国战略，在这之前很长一段时间，我国强调的是在产学研结合中，科研院所和高等学校的科技力量要积极参与企业的技术改造和技术开发，三者合作的主体无疑是政府引导下的科研院所和高等学校，企业处在从属的地位。1995年《关于加速科学技术进步的决定》出台后，这一局面有所改变。

1999年，国家在《关于加强技术创新，发展高科技，实现产业化的决定》中明确，要加强企业与高校、科研院所的联合协作，这就开始把企业放在更加重要的地位来重视。当年，企业的研发主体地位得到快速提升，经费执行占比首次接近50%。到2000年，企业在研发经费执行方面的地位显著提升，占比达到了60.3%（见表5-1），企业在研发执行方面的地位全面超越科研院所和高校。此后，2006年初国家颁布实施的《国家中长期科学和技术发展规划纲要（2006—2020年）》中明确提出要“建设以企业为主体，产学研结合的技术创新体系”后，企业的主体地位和作用进一步凸显，当年企业在研发执行方面的占比达到了71.1%，首次超过70%，此后更是逐年稳步增加，到2011年达到75.8%，企业的主体地位得到进一步确立。2013年，中共十八届三中全会召开，全会公报明确今后一段时间我国将把经济体制改革作为全面深化改革的重点，把处理好政府和市场的关系作为核心问题来抓，切实使市场在资源配置中起决定性作用，同时更好发挥政府作用。这一提法和过去长期提的“市场在资源配置中发挥基础性作用”有了较大变化，对产学研合作的发展产生深远影响。总体而言，在我国，政府的政策导向对产学研合作各合作方的影响非常巨大。

从最能反映产学研合作的R&D指标也可以看出国家宏观政策给产学研合作带来的深刻影响。如表5-1所示，1995年以前，政府资金仍然是R&D经费的主要来源，占总量的50%，来自企业的R&D经费仅为35%。而到2000年，政府资金占R&D经费来源的33.4%，来自企业的经费占比已经达到了57.6%，2008年来自企业的经费占比达到71.7%，说明在我国逐步确立以市场为导向、以企业为主体后，产学研合作的格局发生了较大变化。

表5-1　全国R&D经费按来源分构成情况（1990—2011）

年度 构成	1990	1995	2000	2004	2005	2008	2010	2011
政府资金	54.9	50.0	33.4	26.6	26.3	23.6	24.0	21.7
企业资金	23.4	35.0	57.6	65.7	67.0	71.7	71.7	73.9
国外资金	-	-	2.7	1.3	0.9	1.2	1.3	1.3
其他资金	21.7	15.0	6.3	6.4	5.8	3.4	3.0	3.1
合计	100	100	100	100	100	100	100	100

数据来源：科学技术部《中国科技统计数据》，载中国科技统计数据网站（http://www.sts.org.cn）。

在R&D经费执行上，也经历了从以研发机构、高等学校为主到以企业为主的演变，这个过程也与我国宏观政策导向密切相关。如表5-2所示，全国R&D经费按执行部门分类，1997年研究与开发机构、高等学校占总数的55%，企业仅占42.9%。① 在1999年国家出台《关于加强技术创新、发展高科技、实现产业化的决定》提出“强化企业的技术创

① 资料来源：科学技术部《中国科技统计数据》（1998年），载中国科技统计数据网站（http://www.sts.org.cn）。

新主体地位”后，企业在R&D经费执行占比上显著增长，逐步成为经费执行的主力。1999年企业R&D经费执行占比为49.6%，2000年即达到60.3%，增长了约10个百分点。2006年《国家中长期科学和技术发展规划纲要（2006—2020年）》提出“建设以企业为主体，产学研结合的技术创新体系”后，当年企业在经费执行中的占比达到71.1%，到2011年达到75.8%，成了绝对主力。相应，高等学校与科研机构在经费执行中的占比呈逐步递减的趋势。

表5-2　全国R&D经费按执行分构成情况（1997—2011）

部门＼年度	1997	1999	2000	2005	2006	2008	2010	2011
研究与开发机构	42.9	38.5	28.8	21.0	18.9	17.6	16.8	15.0
高等学校	12.1	9.3	8.6	9.9	9.2	8.5	8.5	7.9
企业	42.9	49.6	60.3	68.4	71.1	73.3	73.4	75.8
其他	2.1	2.6	2.3	0.3	0.8	0.7	1.3	1.3
合计	100	100	100	100	100	100	100	100

数据来源：科学技术部《中国科技统计数据》，载中国科技统计数据网站（http://www.sts.org.cn）。

5.2.2 企业主体地位逐步确立

上文已经分析，我国在推进产学研合作的过程中，经历了政府完全主导、政府引导为主导、政府引导与企业需求驱动并举的转变。2006年初颁布实施了《国家中长期科学和技术发展规划纲要（2006—2020年）》时明确提出要“建设以企业为主体、产学研结合的技术创新体系”。从时间上来看，我国认识到和明确以企业为产学研合作的主体，倡导市场驱动型发展模式比发达国家明显晚了十几到二十年。这无疑与我国经济体制改革的总体进程有很大关系，也与我国的市场化进程有很大关系。因为以政府驱动还是以市场驱动为主，从本质上讲是如何处理政府与市场的关系，如何进行资源配置的问题。政府在资源分配中的比重越高，市场化的程度就越低，政府在资源分配中的比重降低，同时给予市场宽松的发展环境，市场化的程度就高。国内市场化程度高的省市，其年度技术市场成交额也相应较高，直观反映了市场驱动型产学研合作的成果。

表5-3 全国各地市场化进程与技术市场成交额排序（2007—2009）

项目 地区	2007年市场化程度排名	2007年技术市场成交额排名	2008年市场化程度排名	2008年技术市场成交额排名	2009年市场化程度排名	2009年技术市场成交额排名
北京市	5	1	5	1	5	1
上海市	2	2	3	2	3	2
广东	4	3	4	3	4	3
辽宁	9	4	9	4	9	4
江苏	3	5	2	5	2	5
天津市	7	6	6	6	6	6
山东	8	7	8	7	8	8
四川	13	8	15	13	15	11
浙江	1	9	1	10	1	10
湖北	15	10	14	8	13	7
黑龙江	24	11	23	14	22	12
陕西	29	12	26	12	26	9
湖南	17	13	16	11	16	13
重庆市	11	14	10	9	10	14
甘肃	28	15	29	16	29	15
安徽	10	16	12	15	12	16
河南	12	17	11	17	11	17

续表

项目 地区	2007年市场化程度排名	2007年技术市场成交额排名	2008年市场化程度排名	2008年技术市场成交额排名	2009年市场化程度排名	2009年技术市场成交额排名
福建	6	18	7	19	7	18
河北	16	19	17	20	17	20
吉林	18	20	18	18	18	19
内蒙古	20	21	22	22	20	22
青海	30	22	30	24	30	25
江西	14	23	13	23	14	24
山西	21	24	21	21	23	21
广西	22	25	20	28	21	27
新疆	27	26	28	25	28	28
海南	19	27	19	27	19	30
宁夏	25	28	25	30	25	29
云南	23	29	24	26	24	23
贵州	26	30	26	29	27	26
西藏	31	31	31	31	31	31

各省市市场化进程数据来源：樊纲，王小鲁，朱恒鹏《中国市场化指数——各地区市场化相对进程2011年报告》。

各省市技术市场成交额数据根据中华人民共和国统计局国家数据中各省市2006—2009年技术市场成交额统计分析汇总后排序而得（http://data.stats.gov.cn）。

本排序中不含香港、澳门和台湾。

从表5-3可以看到，北京、上海、天津、广东、江苏、山东、浙江、辽宁等地区的市场化进程相对较高，其年度技术市场成交额也相应排名靠前，基本都在前10位。而市场化进程相对排名靠后的广西、新疆、海南、宁夏、云南、贵州、青海、内蒙古、西藏等地，技术市场成交额排名也低，排在后10位。这充分说明市场化发展情况与技术市场成交额具有较为密切的关联，即与产学研合作也有较大关联。

伴随着政府深化改革的进程和市场化的不断推进，我国在产学研合作上也取得了迅猛的发展，尤其是以企业为主体的市场驱动导向提出后，效果更加明显。

第一，从R&D经费来源结构变化看，企业已经成为R&D经费支出的主要来源（见表5-4和表5-5）。2006年我国颁布实施《国家中长期科学和技术发展规划纲要（2006—2020年）》，明确要树立企业的主体地位后，企业的研发投入占比持续增强，2007年，企业R&D经费投入占比达70.4%，政府R&D经费投入占比24.6%。到2011年，来自企业的R&D经费投入6 420.6亿元，占全国R&D经费支出总额的73.9%，比2005年占比67%增加了6.9个百分点，金额是2005年1 642.5亿元的3.9倍；来自政府的R&D经费投入1 883亿元，占全国R&D经费支出总额的21.7%，比2005年占比26.3%降低4.6个百分点，而金额是2005年644.4亿元的2.9倍；其他方面（含国外）的资金投入383.4亿元，占比4.4%，比2005年占比6.6%增加了2.2个百分点，而投入金额上是2005年的163.1亿元的2.4倍。[①]从这些数据可以看出，来自企业的投入，无论是总量上的增长还是比例上的提高，都显著高于政府和其他方面（含国外）的投入的增长，说明以企业为主体、以市场为导向的资源配置方式得到进一步确立。

表5-4　全国R&D经费支出按来源和执行部门统计（2011）

单位：亿元

经费来源＼执行部门	合计	企业	研究机构	高等学校	其他事业单位
合计	8 687.0	6 579.3	1 306.7	688.9	112.1
企业	6 420.6	6 118.0	39.9	242.9	19.8

① 数据来源：根据科学技术部网站《中国科技统计数据》整理，载中国科技统计数据网站（http://www.sts.org.cn）。

续表

经费来源＼执行部门	合计	企业	研究机构	高等学校	其他事业单位
政府	1 883.0	288.5	1 106.1	405.1	83.2
国外	116.2	104.7	4.9	6.0	0.7
其他	267.2	68.1	155.8	34.8	8.4

数据来源：科学技术部《中国科技统计数据》（2012年），载中国科技统计数据网站（http://www.sts.org.cn）。

表5-5　全国R&D经费按来源统计各部门占比情况（2005—2011）

年度＼部门	政府	企业	国外	其他
2005	26.3%	67.0%	0.9%	5.7%
2006	24.7%	69.1%	1.6%	4.6%
2007	24.6%	70.4%	1.4%	3.7%
2008	23.6%	71.7%	1.2%	3.4%
2009	23.4%	71.7%	1.3%	3.5%
2010	24.0%	71.7%	1.3%	3.0%
2011	21.7%	73.9%	1.3%	3.1%

数据来源：科学技术部《中国科技统计数据》（2006—2012年），载中国科技统计数据网站（http://www.sts.org.cn）。

第二，从科技研发执行的主体来看，企业在R&D中的主导作用也进一步凸显（见表5-6和表5-7）。可以看出，在《国家中长期科学和技术发展规划纲要（2006—2020年）》出台前，2005年企业R&D执行占比为68.4%，2006年占比达到71.1%，2011年达到75.8%，呈稳步增长态势，主导地位进一步强化。而从执行金额看，各类企业2005年执行金额为1 673.8亿元，2007年企业执行金额增长到2681.9亿元，增长60.2%，到2011年企业执行金额增长到6579.3亿元，是2005年的3.93倍。以企业为主体的R&D活动在这一阶段得到了迅猛的发展。

表5-6　全国R&D经费按执行金额统计（2005—2011）

单位：亿元

部门＼年度	2005	2006	2007	2008	2009	2010	2011
企业	1 673.8	2 134.5	2 681.9	3 381.7	4 248.6	5 185.4	6 579.3
研究与开发机构	513.1	567.3	687.9	811.3	995.9	1 186.4	1 306.7
高等学校	242.3	276.8	314.7	390.2	468.2	597.3	688.9
其他	20.8	24.5	25.7	32.9	89.4	93.4	112.1
合计	2 450	3 003.1	3 710.2	4 616.1	5 802.1	7 062.5	8 687

数据来源：科学技术部《中国科技统计数据》，载中国科技统计数据网站（http://www.sts.org.cn）。

表5-7　全国R&D经费按执行主体统计各部门占比情况（2005—2011）

年度＼部门	研究与开发机构	企业	高等学校	其他
2005	21.0%	68.4%	9.9%	0.8%
2006	18.9%	71.1%	9.2%	0.8%
2007	18.5%	72.3%	8.5%	0.7%
2008	17.6%	73.3%	8.5%	0.7%
2009	17.2%	73.2%	8.1%	1.5%
2010	16.8%	73.4%	8.5%	1.3%
2011	15.0%	75.8%	7.9%	1.3%

数据来源：科学技术部《中国科技统计数据》，载中国科技统计数据网站（http://www.sts.org.cn）。

第三，企业成为高校和研究机构R&D经费的重要来源（见表5-8）。2005年全国高等院校R&D经费总额为242.3亿元，其中来自企业的经费为88.9亿元，到2011年，全国高等院校R&D经费总额为688.9亿元，来自企业的经费为242.9亿元，来自企业的投入总额比2005年增长1.73倍。2005年研究与开发机构R&D经费总额为513.1亿元，其中来自企业的经费为17.6亿元，到2011年，全国研究与开发机构R&D经费总额为1306.7亿元，来自企业的经费为39.9亿元，来自企业的投入总额比2005年增长1.27倍。[①] 随着产学研合作的进一步深入，企业投向科研机构和高等院校的R&D经费数额会更多。从统计看，企业R&D经费流向研究机构、高等学校和其他机构占企业R&D经费总投入的比例近年来保持在5%左右。

表5-8　企业R&D经费投入其他机构情况（2005—2011）

部门 \ 年度	2005	2006	2007	2008	2009	2010	2011
企业总投入（亿元）	1 642.5	2 073.7	2 611	3 311.5	4 162.7	5 063.1	6 420.6
企业投入研究机构（亿元）	17.6	17.3	26.2	28.2	29.8	34.2	39.9
企业投入高等学校（亿元）	88.9	101.2	110.3	134.9	171.7	198.5	242.9
企业投入其他（亿元）	8.8	9.2	8.9	11.2	16.3	21.4	19.8
非自身使用占比（100%）	0.07	0.06	0.06	0.05	0.05	0.05	0.05

数据来源：科学技术部《中国科技统计数据》，载中国科技统计数据网站（http://www.sts.org.cn）。

从以上可以看出，无论从研发经费的来源、研发经费的执行部门看，还是从企业R&D经费的流向看，企业投入产学研合作的积极性近年来都显著增强，企业在产学研合作中的主体地位逐步得到确认，市场驱动型产学研合作在我国得到了蓬勃发展。

① 数据来源：根据科学技术部网站《中国科技统计数据》整理，载中国科技统计数据网站（http://www.sts.org.cn）。

5.2.3 政策体系不断完善

20世纪80年代，我国制定的政策和法律法规受到当时管理模式的影响，主要针对扩大科研院所和高校的自主权、实行有偿试点、推进技术市场等方面。到了20世纪90年代，借鉴国际先进的管理经验，考虑我国科学技术水平还比较落后的现实国情，国家的政策重点是鼓励技术成果转化和高新技术产业化。为此，我国在1996年专门出台《中华人民共和国促进科技成果转化法》，鼓励研究机构、高校等事业单位和生产企业加强联合，加快成果转化步伐。1999年，国务院办公厅又专门发布《关于促进科技成果转化的若干规定》，提出对科研机构、高等学校的技术转让免征营业税，且对技术成果转让、技术咨询、技术培训、技术承包所得的技术性服务收入暂免征收所得税。

1995年，我国在颁布的《关于加速科学技术进步的决定》中提出实施科教兴国战略，同年发布的《中华人民共和国国民经济和社会发展“九五”计划和2010年远景目标纲要》中，把实施科教兴国战略列为我国加速现代化建设的重要方针，对科教兴国战略做出了全面部署。进入21世纪，我国对促进科学技术产业化和加强产学研合作更加重视。2005年12月，科学技术部、国务院国有资产监督管理委员会和中华全国总工会三个部门联合实施“技术创新引导工程”，探索促进产学研合作的有效方法。2006年2月正式颁布实施《国家中长期科学和技术发展规划纲要（2006—2020年）》，强调了要建设以企业为主体、市场为导向、产学研相结合的创新体系作为全面推进国家创新体系建设的突破口，为我国加快科学技术产业化和产学研合作提供了全面的保障。2008年12月，科学技术部、财政部等联合发布《关于推动产业技术创新战略联盟构建的指导意见》，对我国推动产业技术创新联盟的建设提出了指导意见。

此外，在国家总体政策指导下，各省市又结合当地的实际情况，出台了一系列鼓励和促进产学研结合的政策法规，比如对企业税收减免、人才引进、建立博士后工作站和院士／专家工作指导站等方面，都给予了大力的支持和照顾，从全社会营造坚持市场导向、以企业为主、鼓励创新的良好氛围，我国的产学研合作迎来了难得的发展机遇。

5.2.4 合作模式比较丰富

受到我国科研院所和高校布局，以及大中型国有企业分布情况的影响，我国的产学研合作模式既有相对集中的特点，又有因为我国对外开放步伐加快，创新模式日益增多的特点。主要模式有以下几种。

1. 国家高新技术开发区

国家高新技术开发区是国家在一些知识与技术密集的大中城市和沿海地区建立的以发展高新技术为目标的产业开发区。从高新技术开发的形态看，主要有三个方面的突出特点。一是智力密集，集聚一大批具有相应知识和技术水平的人才队伍。二是环境开放，用先进的管理理念，鼓励和支持高新技术企业到开发区内发展。三是政策优惠，对开发区内的高新技术企业，在资金、税收和人才等方面给予特殊政策，鼓励和扶持企业加快发展。1988年，国务院批准首批国家高新技术产业开发区设立，此后20多年，高新技术开发区成为我国各区域经济发展的重要引擎。根据2014年8月2日举行的吉林省通化市国家医药高新区推进大会上的介绍，当时我国国家高新技术开发区总数已达114家，“国家高新区表现出很好的发展质量和增长态势，已成为中国深入实施创新驱动发展战略、走中国特色自主创新道路的一面旗帜。”“国家高新区集聚了全国50%以上高新技术企业，单位产出能耗仅为全国平均值的一半，每万名从业人员拥有发明专利107件，相当于全国平均水平的10倍。”[①] 除国家级高新技术开发区外，全国各省市、地市建立的各级高新技术开发区不计其数，均在区域经济发展和科技创新中起到重要作用。

2. 大学科技园

大学科技园是我国推行的一种推动国家源头创新的形式。大学科技园有五个方面的特点：一是需要依托具有较强科研实力的大学；二是大学科技园可以实现大学资源优势与社会资源优势的整合；三是高校科技成果的转化是大学科技园的主要任务；四是具有高新技术企业孵化器的功能；五是有助于创新创业人才培养。经过多年的发展，大学科技园已经成为大学综合实力的重要指标。我国大学科技园建设蓬勃发展，比较有名的大学科技园有清华科技园、北大科技园、南开科技园、武汉大学科技园等，这些大学科技园均建立了平台企业，并以孵化为主要功能，全面开展科技创新活动，在全国乃至全世界都具有广泛影响力。大学科技园因为可以依托高校的优势学科，并构建公共技术和服务平台，建立转化和孵化机制，集聚和调动高校和社会各类资源，从而有力地推动了高校创新成果向园区转移，有力地促进了园区在孵企业数量的稳步增加，培育了一批具有前瞻性、引领性的高新技术企业。近年来大学科技园的建设方兴未艾，环境更优化、机制更灵活、社会各方面资源参与的积极性更高，也取得了更为显著的发展成果。

3. 以企业为主体创建的产学研合作模式

比较典型的有企业的研发中心、实验室和科技园区。企业为主体创建的产学研合作平台在我国经济发达省份发展更迅速，据报道，广东省有70%以上的此类平台建立在企业内部。一些科技型大型企业的产学研

① 据“搜狐财经”2014年8月2日报道，中国国家高新区已达114家（http://business. sohu. com/20140802/n403041693. Shtml）。

合作平台也比较完备。以著名的大型央企中国电子信息产业集团为例，其拥有完整的科技研发创新体系，设立了国家工程技术中心、集团专业技术研究院、企业技术中心三个层级的研发机构，拥有4个国家工程研究中心，6个国家认定的企业技术中心， 5个集团公司级研究院，43个省、市认定的企业技术中心，1家海外研发机构和11家博士后工作站，为国家首批创新型企业。[①] 类似中国电子信息产业集团的大型企业，比如中国电信、中国移动、中国石油、中国通用、中国宝钢等大型央企，以及山钢集团、万象集团等地方国企或地方民企，也都拥有自己比较完备的研发系统，它们和科研院所、高校等密切联系，通过产学研的深度合作，实现了共赢发展。

4. 产业技术研究院

与其他产学研合作平台相比，产业技术研究院在我国兴起的时间还不是很长。产业技术研究院，顾名思义，是以产业集群理论为指导，以技术应用研究和创新为目标，从事技术研发、技术升级和创新，推进技术转移、成果转化、产业化和商业化的公共技术服务平台，具有综合性、开放性、协调性和集群化、产业化、商业化等特点。根据组织的主体不同，从分类上可以分为高校或科研机构主导型、政府主导型和企业主导型三个种类。在我国，这三类产业技术研究院各有特色。高校或科研机构主导型产业技术研究院在我国比较多，其特点是借助大学和科研机构科研基地多、创新能力强、高层次人才汇聚等，以其在学科建设上的良好声誉及在科技上的研究成果积累，通过联合推进共性关键技术研发、吸引国际高端人才、转移与推广技术等形式为产业升级和区域经济服务。大学或科研机构成为产业技术研究院的依托单位。比较有名的大

① 资料来源：中国电子信息产业集团网站（http://www.cec.com.cn）。

学产业技术研究院有北京清华工业技术研究院、陕西工业技术研究院、中国科学院深圳先进技术研究院等。与高校和科研机构主导的产业技术研究院不同，政府主导型产业技术研究院则由地方政府出资筹建，并任命专门人员进行管理，其建设的目的主要在于服务区域产业发展规划，进行产业共性技术、关键性技术、前瞻性技术和公益性技术的研发和应用，为区域产业结构调整和产业升级服务。比较有名的政府主导型产业技术研究院有上海产业技术研究院、成都新能源产业技术研究院和厦门产业技术研究院等。第三种类型是企业主导型产业技术研究院，它是以龙头企业在经济、科技、市场、人脉等方面的优势为基础，结合区域产业发展布局，通过综合整合产业优质资源，进行集群化发展的一种产学研合作创新模式。比较有名的有中国电子北海产业园、中国电子西安产业园、中国电子东莞产业园、江苏省（苏州）纳米产业技术研究院、江苏省数字信息研究院等。产业技术研究院作为产学研合作的重要模式，近年来在我国各省市得到了大力的推广。湖北省出台了《湖北省产业技术研究院建设指导意见》，要求按照建设“创新湖北”的总体要求，通过政府引导、核心企业支撑、高校与科研院所合作共建等形式，用3~5年的时间，建设一批体制新、机制活、特色鲜明、科技创新能力强、品牌知名度高的新型产业技术创新平台，与现有各类平台形成分工合理的产业技术创新体系，为提升湖北产业核心竞争力提供科技支撑。

其他产学研合作的平台还有很多。比如，博士后工作站已经成为高科技人才与企业进行产学研合作的重要平台，大部分具有较强科技研发基础和实力的高新技术企业，基本都建立了博士后工作站或流动站。据统计，2013年我国博士后科研工作站总数达到2 773个，博士后科研流动站总数达到2 703个，全年招收博士后研究人员1.4万人。[①] 中国科学技术协会推出了院士专家工作站，中华全国工商业联合会推出了院士专家技术指导站，这些都是通过高端引领学科发展，促进科研水平提升，加快科技创新的重要举措。此外，我国还结合研发的实际需求以及市场的总体要求，创新了多种产学研合作模式，共同促进了我国科技创新和产学研合作的蓬勃发展。

5.2.5 合作成果比较丰硕

产学研合作的成果可以从专利申请和授权数、高新技术产品出口额度等指标反映出来。

1. 三项专利成果丰富

专利申请数和专利授权数是体现最终科技创新成果的重要指标，我国在近年的发展中取得了丰硕的成果（见表5-9）。截至2012年底，我国累计受理专利申请1 912 151件，比2003年度增长6.6倍，年均增长25.3%。同年，专利授权总量为1 163 226件，比2003年度增长6.78倍，年均增长26.6%。其中，发明专利、实用新型和外观设计专利授权量分别为143 847件、566 750件和452 629件，比2003年分别增长11.6倍、7.3倍和5.48倍。对比2008年到2011年国内职务发明专利（按部门分）的发展情况更能说明我国产学研合作的蓬勃发展。其中大专院校2008年申请量30 808件，2011年申请量63 028件，年均增长26.9%；科研单位2008年申请量12 435件，2011年申请量25 222件，年均增长26.58%；企业2008年申请量95 619件，2011年申请量231 551件，年均增长34.28%；机关团体2008年申请量1 590件，2011年申请量4 423件，年均增长

① 数据来源：《2013年度人力资源和社会保障事业发展统计公报》，载中华人民共和国人力资源和社会保障部网站（http://www.mohrss.gov.cn）。

40.63%。从授权量上看，大专院校2008年授权量10 265件，2011年授权量26 616件，年均增长37.38%；科研单位2008年授权量3 945件，2011年授权量9 238件，年均增长32.79%；企业2008年授权量32 160件，2011年授权量58 364件，年均增长21.97%；机关团体2008年授权量252件，2011年授权量851件，年均增长50%。[①] 授权量增长比例显著高于申请量增长比例，说明我国的科技水平有了显著改善，达到了较高水准。专利申请和专利授权总量反映了国家整体科技创新系统建设情况。毫无疑问，产学研合作发挥了重要作用，有力地促进了国家整体科技实力的提升。

表5-9　我国三项专利申请数量和授权量（2003—2012）

年度 指标	2012	2011	2010	2009	2008	2007	2006	2005	2004	2003
国内专利申请受理量(项)	1 912 151	1 504 670	1 109 428	877 611	717 144	586 498	470 342	383 157	278 943	251 238
国内发明专利申请受理量(项)	535 313	415 829	293 066	229 096	194 579	153 060	122 318	93 485	65 786	56 769
国内实用新型专利申请受理量(项)	734 437	581 303	407 238	308 861	223 945	179 999	159 997	138 085	111 578	107 842
国内外观设计专利申请受理量(项)	642 401	507 538	409 124	339 654	298 620	253 439	188 027	151 587	101 579	86 627

① 数据来源：根据科学技术部网站《中国科技统计数据》整理，载中国科技统计数据网站（http://www.sts.org.cn）。

续表

年度 指标	2012	2011	2010	2009	2008	2007	2006	2005	2004	2003
国内专利申请授权量(项)	1 163 226	883 861	740 620	501 786	352 406	301 632	223 860	171 619	151 328	149 588
国内发明专利申请授权量(项)	143 847	112 347	79 767	65 391	46 590	31 945	25 077	20 705	18 241	11 404
国内实用新型专利申请授权量(项)	566 750	405 086	342 256	202 113	175 169	148 391	106 312	78 137	70 019	68 291
国内外观设计专利申请授权量(项)	452 629	366 428	318 597	234 282	130 647	121 296	92 471	72 777	63 068	69 893

数据来源：国家统计局《国家统计数据》，载国家统计局网站（http://data.stats.gov.cn）。

2. 高新技术产品进出口增长稳健

高新技术产品进出口是科技创新成果产业化、市场化的重要体现。产学研合作作为重要的技术创新平台，对我国高新技术产业的发展也起到了重要的推动作用。因此，高新技术产品进出口状况也能反映出我国产学研合作的活跃程度和取得成果（见表5-10）。据统计，2001年我国高新技术产品出口额仅为465亿元，2011年出口额达到5 488亿元，10年间增长了10.8倍，年均增长28%；2001年我国高新技术产品进口额为641亿元，2011年进口额达到4 632亿元，10年间增长了6.2倍，年均增长21.8%；同时，我国10年间高新技术产品出口额增长比例显著高于进口额，说明我国产学研合作推动的自主研发技术水平得到了长足发展和世界的广泛认可。从进出口差额的数量和顺差率变化也可以看出我国产学研合作推动的高新技术产业发展成果。2003年前一直处于逆差状态，但在我国深入推进科技发展市场化后，我国的科技创新步伐显著加快，尤其是2006年《国家中长期科学和技术发展规划纲要（2006—2020年）》出台，强调以企业为主体、以市场为导向后，科技产业发展进入了快速发展时期。从2007年起，高新技术产品进出口额大幅增长（2009年受国际金融危机影响，进出口总额有所下降），出口与进口的逆差稳定在20%左右[①]。

表5-10　我国高新技术产品进出口状况（2001—2011）

项目＼年度	2001	2002	2003	2004	2005	2006	2007	2008	2009	2010	2011
出口额（亿元）	465	679	1 103	1 654	2 182	2 815	3 478	4 156	3 769	4 924	5 488
进口额（亿元）	641	828	1 193	1 613	1 977	2 473	2 870	3 419	3 099	4 127	4 632
合计（亿元）	1 106	1 507	2 296	3 267	4 159	5 288	6 348	7 575	6 868	9 051	10 120
差额（亿元）	-176	-149	-90	41	205	342	608	737	670	797	856
顺差率（100%）	-0.27	-0.18	-0.08	0.03	0.10	0.14	0.21	0.22	0.22	0.19	0.18

数据来源：科学技术部《中国科技统计数据》（2002—2012年），载中国科技统计数据网站（http://www.sts.org.cn）。

5.3　我国产学研合作存在的问题

5.3.1 研发经费来源结构不够合理

近年来，我国财政科技支持保持持续增长态势，科技经费投入一

① 数据来源：根据科学技术部《中国科技统计数据》整理，载中国科技统计数据网站（http://www.sts.org.cn）。

直稳定增长。我们以国家宏观政策从2006年确立了企业的主体地位划线做分析。2005年，我国财政科技投入为1 335亿元，2011年财政科技投入达到2 903亿元，是2005年的2.17倍，年均增长19.5%，占财政支出比重从3.9%提高到4.49%。从表5-11可以看出，政府对科技研发投入的支持不断增大。而企业的投资从2005年的1 643亿元增加到2011年的6 421亿元，6年间增长了3.9倍，年均增长48.5 %，增速是国家财政科技拨款增速的近3倍，[①] 应该说企业在科技研发上的投入力度更大，主体地位进一步凸显。

表5-11　研究机构和高等学校经费来源统计（2005—2011）

机构	项目＼年度	2005	2006	2007	2008	2009	2010	2011
研究机构	总额（亿元）	513.1	567.3	687.9	811.3	995.9	1 186.4	1 306.7
	来自政府（亿元）	424.7	481.2	592.9	699.8	849.5	1 036.5	1 106.1
	政府投入占比	0.83	0.85	0.86	0.86	0.85	0.87	0.85
	来自企业（亿元）	17.6	17.3	26.2	28.2	29.8	34.2	39.9
	企业投入占比	0.03	0.03	0.04	0.03	0.03	0.03	0.03
高等学校	总额（亿元）	242.3	276.8	314.7	390.2	468.2	597.3	688.9
	来自政府（亿元）	133.1	151.5	177.7	225.5	262.2	358.8	405.1
	政府投入占比	0.55	0.55	0.56	0.58	0.56	0.60	0.59
	来自企业（亿元）	88.9	101.2	110.3	134.2	171.7	198.5	242.9
	企业投入占比	0.37	0.37	0.35	0.34	0.37	0.33	0.35

数据来源：科学技术部《中国科技统计数据》（2002—2012年），载中国科技统计数据网站（http://www.sts.org.cn）。

但是，如果从R＆D经费执行流向来看，在研究与开发机构的R＆D经费中，2005年来自政府的资金424.7亿元，占比83%，2011年来自政府的资金1 106.1亿元，占比85%，从2005年到2011年6年间，政府投向研发机构的科研投入总额增长了1.6倍，年占比保持在85%左右，处

① 数据来源：科学技术部《中国科技统计数据》（2002—2012年），载中国科技统计数据网站（http://www.sts.org.cn）。

于比较均衡稳定的状态。高等院校的R＆D经费来源中，2005年来自政府的资金133.1亿元，占比55%，2011年来自政府的资金405.1亿元，占比59%，6年间来自政府的投入增长2.04倍，年占比从55%增长到60%左右，政府投向高等学校的R＆D经费无论从绝对额还是从占比上都有较大幅度增长。企业的资金流向研究和开发机构、高等学校的绝对数额增长迅速，其中2011年流向科研机构R＆D经费39.9亿元，是2005年17.6亿元的2.27倍，但在研究机构总的R＆D经费中占比却一直保持3%左右的比例。2011年流向高等学校R＆D经费242.9亿元，是2005年88.9亿元的2.73倍，但在高等学校总的R＆D经费中占比却从2005年的37%下降到35%，较低年份甚至只有33%。① 说明我国产学研合作虽然明确了企业的主体地位，但企业的R＆D经费投入更多停留在自身内部，面向具有较强科技研发实力和创新能力的研究机构和高等院校太少，企业与高校、科研院所的合作深度、广度还不够，产学研合作市场化的程度还不够高，必须引起政府、企业和社会各界的广泛重视。

5.3.2 研发经费支出省域失衡严重

研发经费支出省域失衡的问题在我国各省市产学研合作中表现得较为严重（见表5-12）。2011年全国R＆D经费支出较多的省市为江苏、广东、北京和山东四个省市，分别为1 065.5亿元、1 045.5亿元、936.6亿元和844.4亿元，而较少的分别为西藏、海南、青海和宁夏，分别仅有1.2亿元、10.4亿元、12.6亿元、15.3亿元。全国排名后16名（西藏1.2亿元、海南10.4亿元、青海12.6亿元、宁夏15.3亿元、新疆33亿元、贵州36.3亿元、甘肃48.5亿元、云南56.1亿元、广西81亿元、内蒙古85.2亿元、吉林89.1亿元、江西96.8亿元、山西113.4亿元、重庆128.4亿元、黑

① 数据来源：根据科学技术部网站《中国科技统计数据》整理，载中国科技统计数据网站（http://www.sts.org.cn）。

龙江128.8亿元、河北201.3亿元）R&D经费支出合计1 137.4亿元，基本与江苏（1 065.5亿元）一省持平，凸显我国经济发展不平衡，也反映出落后地区R&D活动基础极其薄弱，产学研合作动力基础较差。在这种情况下，中西部地区在产学研合作上举步维艰，“难为无米之炊”，只能在有限的资金中适度选择创新项目，而东部沿海发达地区则凭借良好的发展基础，加大科技研发投入和产业布局，综合实力稳步提高，发展基础进一步巩固夯实。如果这一态势继续下去，则中西部地区与东部沿海发达地区的发展差距会越来越大，西部崛起战略的实现难度更大。这给国家统筹区域发展、和谐区域发展、实现共同富裕带来了巨大的挑战。

表5-12　全国部分地区R&D经费支出情况（2011）

单位：亿元

地区	R&D经费支出	地区	R&D经费支出
江苏	1 065.5	河北	201.3
广东	1 045.5	黑龙江	128.8
北京	936.6	重庆	128.4
山东	844.4	山西	113.4
浙江	598.1	江西	96.8
上海	597.7	吉林	89.1
辽宁	363.8	内蒙古	85.2
湖北	323.0	广西	81.0
天津	297.8	云南	56.1
四川	294.1	甘肃	48.5
河南	264.5	贵州	36.3
陕西	249.4	新疆	33.0
湖南	233.2	宁夏	15.3
福建	221.5	青海	12.6
安徽	214.6	海南	10.4
		西藏	1.2
合计	7549.7	合计	1137.4

数据来源：科学技术部《中国科技统计数据》（2012年），载中国科技统计数据网站（http://www.sts.org.cn）。

5.3.3 人才分布省域失衡严重

产学研合作是落实我国创新驱动发展战略的重要举措，而创新驱动的本质是人才驱动。在产学研合作中，既需要拥有一批能在重大研发项目上发挥领军作用的高端战略科学家、科技管理专家，也需要一大批能扎实推进产学研合作的中高端专业技术人才；既需要一支具有一定规模的研发人才队伍，更需要一个有利于创新人才培养的教育和文化环境。从我国的现状看，人才分布不平衡的现象十分严重（见表5-13）。以2011年统计数据为例，从高等学校数量来看，江苏、广东、辽宁、山东、浙江、河北、安徽超过了100所，而内蒙古、甘肃、贵州、海南均低于50所，普通高等学校最多的江苏达到151所。从高校招生数量来看，江苏、山东、广东年招生数（含本科和研究生）均超过40万人，而内蒙古、山西、广西、云南、贵州、甘肃等地年招生人数均低于20万人；从年度预计毕业生数量（含本科生和研究生）看，江苏、山东、广东三省预计毕业生人数均超过40万人，而中西部的内蒙古、山西、广西、云南、贵州、甘肃等地预计毕业生均低于20万人。高等学校数量、招生数量、在校生数量和毕业生数量等指标，均比较客观地反映一个省市人才的基础厚度，东部发达地区与中西部地区差异如此之大，对区域经济均衡发展极其不利。而从最直观反映产学研合作人才基础的R&D人才数量来看，2011年拥有R&D人员排名领先的为广东（410 800）、江苏（342 800）、浙江（253 700）、山东（228 600）、北京（217 300）；排名最低的为西藏（1 100）、青海（5 000）、海南（5 400）、宁夏（7 400）、贵州（15 900）。[①] 这种人才基础、教育环境基础相差悬殊的状况对我国产学研合作的影响是非常巨大的。

---

① 数据来源：科学技术部《中国科技统计数据》（2012年），载中国科技统计数据网站（http://www.sts.org.cn）。

表5-13 东部沿海及中西部主要地区教育基础和R&D人才统计（2011）

指标 地区	高等学校数（所）	高校招生数（万人）	高校本科招生数（万人）	高校在校学生数（万人）	高校本科在校学生数（万人）	高校预计毕业生数（万人）	R&D人数（千人）
北京	87	15.69	12.04	58.79	47.55	16.05	217.3
天津	55	13.12	7.82	44.97	29.35	11.65	74.3
上海	66	13.78	8.73	51.13	35.72	14.33	148.5
江苏	151	43.61	24.05	165.94	96.81	48.46	342.8
浙江	102	26.75	14.24	90.75	54.63	25.39	253.7
广东	134	46.87	22.73	152.73	84.23	41.67	410.8
山东	138	48.08	22.4	164.56	86.64	47.91	228.6
河北	112	34.9	15.19	114.93	59.2	31.89	73.0
江西	86	24.6	11.38	82.86	42.86	23.32	37.5
安徽	115	30.8	13.89	99.13	51.86	26.83	81.1
辽宁	112	25.98	16.16	90.22	62.45	24.09	81.0
黑龙江	78	19.52	12.72	71	48.95	20.59	66.6
山西	74	17.84	8.81	59.45	32.22	16.32	47.4
广西	70	18.46	7.7	60.01	28.47	16.72	40.1
云南	64	15.93	9.06	48.76	29.59	12.07	25.1
甘肃	42	12.35	6.8	40.53	25.57	10.45	21.3
海南	17	4.64	2.4	15.67	8.79	4.23	5.4
内蒙古	47	11.41	5.52	38.44	21.14	10.59	27.6
贵州	48	10.68	5.76	34.41	20.41	8.76	15.9

数据来源：国家统计局《国家数据》，载国家统计局网站（http://data.stats.gov.cn）；科学技术部《中国科技统计数据》（2012年），载中国科技统计数据网站（http://www.sts.org.cn）。

5.3.4 研究类型存在失衡问题

R&D活动包括基础研究、应用研究和实验发展三个类型。根据我国科学技术部《中国科技统计数据》，我国多年来在基础研究、应用研究和实验发展三个类型的投资占比均存在失衡现象（见表5-14）。从国际比较上看（见表5-15），2011年我国基础研究、应用研究和实验发展三个类型R&D支出分别为4.7%、11.8%、83.5%，而美国分别为19%、

17.8%、63.2%；日本为12.5%、22.3%、65%；韩国为18.2%、19.9%、61.8%；法国为26%、39.8%、34.2%。从我国近年来的R&D经费支出领域看，投入基础研究和应用研究两个领域一直偏低，说明我国的R&D活动更注重投入研发的后期，更关注短平快的投入产出。对基础性研究关注不够、重视不够，必然会导致原始创新能力不足。我国反复强调要提高国家和企业的自主创新能力，但如果没有基础性研究投入的增加，是很难实现这一目标的。因为科学技术的发展，要立足于坚实的基础理论研究。要避免在R&D活动中出现重当下应用、轻长远基础的倾向。基础研究作为科技创新的源泉和可持续发展能力提升的重要保障，必须引起产学研各合作方的高度重视。

表5-14　我国三大研究领域R&D投入比例（2005—2011年）

单位：100%

领域＼年度	2005	2006	2007	2008	2009	2010	2011
基础研究	0.053	0.052	0.047	0.048	0.047	0.046	0.047
应用研究	0.177	0.168	0.133	0.125	0.126	0.127	0.118
实验发展	0.77	0.78	0.82	0.828	0.826	0.828	0.835

数据来源：科学技术部《中国科技统计数据》（2006—2012年），载中国科技统计数据网站（http://www.sts.org.cn）。

表5-15　部分国家R&D经费支出按活动类型统计（2011）

单位：100%

领域＼国家	美国	法国	意大利	日本	韩国	俄罗斯	中国
基础研究	0.19	0.26	0.267	0.125	0.182	0.196	0.047
应用研究	0.178	0.398	0.476	0.223	0.199	0.188	0.118
实验发展	0.632	0.342	0.256	0.65	0.618	0.616	0.835

数据来源：科学技术部《中国科技统计数据》（2012年），载中国科技统计数据网站（http://www.sts.org.cn）。

从反映理论研究实力的国内科技论文排行上来看，也呈现不均衡的分布状态。高校占据了绝大部分的比重，2011年全国发表53万篇科技论文，其中高校发表33.6万、研究机构5.8万、企业2.1万、医疗机构9.2万、其他2.3万[①]。作为市场经济主体的企业发表量垫底且数量过低，从另一个侧面也反映了我国市场对基础研究和应用研究的重视不够、投入不够，这必然影响我国自主创新能力的提升。

5.3.5 高技术细分领域发展失衡

高技术产品进出口状况反映了科技创新的活跃程度和发展状况，同时也是反映产学研合作成效的一个重要指标（见表5-16）。根据统计，从2006年至2011年，我国高技术产品出口总量均高于进口总量，说明我国通过实施科技兴国战略，自主创新能力、科技发展能力得到了显著的增强，高技术产品在国际上具有较强竞争力，逐步体现出了科技创新发展的优势。以2011年为例，高技术产品出口额5 488.3亿美元，进口4 632.25亿美元，顺差18.5%，这是可喜的态势。但是，如果从进出口的领域细分，就会发现我国的高技术产品进出口存在比较突出的领域失衡问题。其中除了计算机与通信技术、生命科学技术两个领域存在顺差外，电子技术、计算机集成制造技术、航空航天技术、光电技术、生物技术、材料技术和其他技术进出口额均为逆差，形成总量顺差的最大贡献来自计算机与通信技术，而在其他事关重大的专项领域，均未能形成比较竞争优势。这是必须引起重视的问题，要加快改进，补齐补强短板，这对我国科技强国战略至关重要。

---

① 数据来源：科学技术部《中国科技统计数据》（2012年），载中国科技统计数据网站（http://www.sts.org.cn）。

表5-16　全国高技术产品进出口按领域统计（2011）

单位：百万美元

领域 \ 项目	出口额	进口额	差额
计算机与通信技术	392 943	105 641	287 302
生命科学技术	17 843	15 796	2 047
电子技术	86 584	213 975	-127 391
计算机集成制造技术	8 940	46 926	-37 986
航空航天技术	4 599	19 015	-14 416
光电技术	32 114	54 203	-22 089
生物技术	414	449	-35
材料技术	4 716	5 933	-1 217
其他技术	677	1 287	-610
合计	548 830	463 225	85 605

数据来源：科学技术部《中国科技统计数据》（2012年），载中国科技统计数据网站（http://www.sts.org.cn）。

5.4　产学研合作存在问题的原因

5.4.1 区域发展不平衡是关键因素

产学研合作，从本质上讲是一种生产关系。一定的生产关系与经济基础是对立统一的，一方面能够促进科技创新、成果转化和经济发展，另一方面，其发展的好坏，效率的高低，则要受到一定经济基础的影响。我国幅员辽阔，区域发展不平衡问题比较突出，东部沿海、中西部和东北部各区域的经济发展水平差距很大，所以产学研合作的基础条件差异也很大，这些因素中包括经济基础、地方财力、政策环境、中介服务、市场观念、市场化程度、产业战略布局和教育发展布局等。区域发展不平衡的表现有多方面，对产学研合作影响较大的主要有区域经济发展不平衡、区域产业布局不平衡和区域教育发展不平衡三个方面。

1. 区域经济发展不平衡

我国区域经济发展不平衡，既有自然条件基础不平衡的客观原因，也有机制体制转变时机、开放政策差异以及历史因素等原因。区域经济发展不平衡具体表现为沿海与内地经济发展不平衡，东部、中部和西部经济发展不平衡、省与省之间发展不平衡三种。改革开放以来，我国优先发展沿海地区，先试点后推广，发展和开放政策向沿海地区倾斜，使得沿海地区获得了先发优势，得以迅速发展，从而拉大了沿海与内地的经济发展差距。虽然很多政策试点成功后向全国推广实施，但沿海地区的产业基础已完成布局，领先优势已经十分显著，内地要赶超的难度十分巨大。此后，国家又先后提出了西部开发、中部崛起、振兴东北等发展战略，但受发展基础、思想观念等主客观因素影响，东部沿海地区的发展水平仍然显著领先于中西部地区，中西部地区真正发挥后发优势实现赶超的难度极大。从地区生产总值来看，2003年广东GDP为13 626亿元，相当于3个湖南（4 639亿元）或10个贵州（1 365亿元）或35个青海（390亿元）。经过10年发展，到2013年，广东GDP为62 163亿元，是湖南（24 501）的2.54倍，贵州（8 006）的7.76倍，青海（2101）的29.59倍。从人均地区生产总值来看，2003年广东省为17 798亿元，是湖南（4 660）的3.82倍，贵州（3 701）的4.81倍，青海（7 346）的2.42倍。2013年广东人均GDP为58 540，是湖南（36 763）的1.59倍，贵州

（22 922）的2.55倍，青海（36 510）的1.6倍。① 应该说经过10年的发展，中西部地区在国家的扶持和自身的努力下，与沿海地区的差距在缩小，但这种差距本身仍然是十分巨大的，而且进一步拉大的可能非常大。②

2. 区域产业布局不平衡

中华人民共和国成立之初，我国从战备的角度，将重工业产业布局在东北地区，后来又将部分战备生产产业转移到湖北、四川、重庆等内地的大山腹地，其他省份重工业则相对很少。改革开放后，乘着改革开放试验田的东风，东部沿海迅速在产业上进行布局，尤其以轻工业和先进制造业为主，经过多年的发展，形成了珠三角、长三角等产业带，而甘肃、青海、内蒙古等西部地区却一直缺乏成熟稳定、具有可持续发展潜力的优质产业带动发展。产业发展基础和产业布局不平衡，对各区域开展产学研合作的影响自然不同。

3. 区域教育发展不平衡

教育基础和人才队伍作为产学研合作的基础，对产学研合作的影响也十分巨大。从本质上讲，发展要坚持以人为本。国与国之间的竞争、地区与地区之间的竞争，实质上都是人才的竞争。在北京、上海、广东、浙江、湖北等地，均汇聚了一大批国内优秀的大学，这些大学源源不断地为当地的经济发展培养输送大批人才，使这些地区成为优秀人才的聚集地。而西部地区教育基础明显薄弱（见表5-13）。这些教育基础的差异，无疑对产学研合作影响巨大。据2012年中国科技统计数据显示，2011年湖北省R＆D人员达113 900人，广西40 100人，仅为湖北省的35%。同期北京为217 300人，上海为148 500人，江苏为342 800人，

① 数据来源：根据国家统计局《国家数据统计分析》整理，载国家统计局网站（http://data.stats.gov.cn）。

② 数据来源：根据国家统计局《中国统计年鉴》整理，载国家统计局网站（http://www.stats.gov.cn）。

海南5 400人，贵州15 900人，甘肃21 300人。区域之间在教育基础和人才基础方面的差距过大，严重影响了产学研合作的深入实施。[①]

5.4.2 宏观政策体系不够健全

政府要为交易市场提供和创造公平合理、高效便捷的交易秩序，这是各国对发挥政府职能的广泛共识。在我国，宏观政策体系不够健全主要表现在两个方面，一是市场化程度还不够高，二是制度建设滞后于市场发展的需要。

1. 市场化程度还不够高

中华人民共和国成立到改革开放前，我国实行计划经济体制。计划经济体制的影响对中国根深蒂固，从计划经济体制向市场经济体制转变，是我国改革开放40多年的最大转变。厉以宁（2012）提出，中国面临双重转型问题，一是计划经济向市场经济转型，二是从农业大国向工业大国转型。而前者就是一个市场化问题。市场化的核心问题是市场在资源配置中的地位问题。根据经济学的一般原理，只有坚持以市场作为资源配置的方式，才能有效解决“政府失灵”的问题，最大限度发挥资源效率。我国在深化市场经济改革的进程中，一直都是结合中国发展的实际状况，根据循序渐进的原则，逐步放开。因此，国家对市场在资源配置中地位的表述，直接影响了市场化发展的进程。在2013年11月中国共产党十八届三中全会召开之前，我国对市场在资源配置中的地位长期都是表述为“市场在政府调控下发挥基础性作用”“更大程度地发挥市场在资源配置中的基础性作用”。这种表述包含两层意思：一方面要发挥好政府的宏观调配作用，另一方面要发挥好市场的作用。但强调了一

① 数据来源：科学技术部《中国科技统计数据》（2012年），载中国科技统计数据网站（http://www.sts.org.cn）。

个基本的前提，即市场发挥作用是在政府的调控下发挥作用。这就使政府对经济管理越位、缺位和错位的现象比较突出，使我国地方政府的一些部门和管理者，习惯用行政安排代替市场进行资源配置，在不少经济领域，包括产学研合作领域都出现了政府主导型的经济行为。政府这只“看得见的手”经常对市场进行干预，既对正常的市场秩序建设和维护造成不良影响，也带来了资源浪费、效率低下、腐败寻租等问题。党的十八届三中全会提出“发挥市场在资源配置中的决定性作用”，同时“发挥好政府职能”。从“基础性”到“决定性”，在理论和实践上都是重大的突破。按照这一提法，市场在资源配置中起决定作用，就要求市场要素和资源的流转、经济的运行都要遵循市场发展的基本价值规律和导向，建立统一公平的市场秩序，使企业真正成为市场的主体，实行统一的市场准入制度。根据这一思路，2014年，国务院多次要求在规定时间内下放相关行政审批权、健全相关法律法规、建立良好社会保障机制，这些都是纠正偏差的具体举措，对促进产学研合作的稳健发展和国民经济的良性发展必然会起到积极的促进作用。

2. 制度建设滞后于市场发展的需要

强调市场在资源配置中发挥决定性作用，并不否认政府在现代社会经济运行中的独特优势和作用，政府要做好“守门人”。从1992年我国实施产学研联合工程以来，我国为促进产学研合作的健康发展，出台了一系列的制度文件，这里既包括《关于加速科学技术进步的决定》《国家中长期科学和技术发展规划纲要（2006—2020年）》，也包括国家部委、地方省政府出台的系列政策制度，涵盖了机构改革、经费支持、人才培养、成果转化、中介服务、知识产权、金融服务、税收优惠、科技奖励和国际发展等各个方面，保障了产学研合作的稳健发展。

但从总体而言，总体制度建设和环境培育仍然滞后于市场发展的现实需要。比如学术休假制度，发达国家已经运行比较成熟，但我国一直还停留在个别学校逐步摸索试行的阶段，不利于部分掌握一定科研成果、有创业愿望的人才投身科研和创业。规范和促进地方强化产学研合作的配套制度也有待完善，省与省之间研发投入差别巨大，对产学研合作的政策支持差别也很大，如北京、上海、江苏等地对高新技术产学研合作项目给予大幅减免税收等政策，其幅度显著高于中西部地区。以江苏泰州中国医药城为例，这个省部共建的产业新城，对入驻高新技术企业给予“三免两减半”的办公及厂房优惠政策，即产业新城可以为入驻企业提供办公场所和标准厂房，房租按头三年全免后两年减半优惠，这对企业的发展无疑具有较大吸引力。

3. 金融服务不到位

我国政策性金融在中小企业融资领域长期缺位，截至2014年6月底，国家开发银行、中国进出口银行和农业发展银行三家政策性银行在小微企业贷款市场的份额仅为9%，而三家银行在我国的企业贷款市场份额高达16%，这说明政策性银行将更多的贷款投向了大企业。解决这一问题，应更多建立中小企业银行，把中小企业银行作为政策性银行，采取商业化经营加国家政策扶持的模式，服务好中小企业的发展需要。

5.4.3 产学研合作还处于初级阶段

事物都有一个逐步发展成熟的过程。从国际发展状况来看，美国深入推进产学研合作，从20世纪50年代开始，到20世纪70年代进入发展的高峰期，发展到今日已经有60多年的历史。日本在第二次世界大战后迅速开展重建工作，借鉴美国的经验，用了20年的时间强力推进产学研合作，到20世纪70年代时，工业化发展已经达到较高水平。20世纪80年代后，日本对产学研合作的推进更加不遗余力，出台了一系列政策措施，为产学研合作的发展奠定了良好的环境基础，发展到今日也有50多年的时间。日本推进产学研的过程，历经了向美国等发达国家学习、引进技术到自主创新的不同阶段，最终日本发展成为世界科技和创新强国。

中华人民共和国成立后，长期实行计划经济体制，市场化的产学研合作几乎没有。改革开放后，产学研合作得到重视，而真正开始起步，却是在1992年国务院原经贸办、原国家教育委员会、中国科学院开始组织实施产学研联合开发工程起，到今日也经过了20多年的发展。这20多年中，我国的产学研合作和国民经济发展同步，步入了高速发展的黄金时期，有力地促进了科研发展、成果转化和科技创新，使高新技术成为经济发展的重要动力。从发展成果看，我国已经取得了较高的成就和业绩。但从发展水平看，与美国、日本、德国等发达国家相比，仍然存在起步晚、市场化程度低、转型慢等现实问题，表明我国的产学研合作还处在初级阶段。下一步，要进一步坚持市场化导向，以企业为主体，充分发挥政府在宏观政策保障、交易市场建设等方面的作用，调动各方面参与产学研合作的积极性，共同把我国产学研合作推向更高水平。

5.5 本章小结

通过对我国产学研合作的现状、问题及成因分析，可以清晰看出我国产学研合作发展的基本脉络和思路。在经济发展基础还比较薄弱时期，通过政府的强有力引导和投入，我国逐步构建了比较丰富的产学研合作制度体系，形成了产学研合作的良好氛围。随着我国经济的快速发展和政治经济体制改革的深度推进，政府主导型的产学研合作暴露出了不少问题。大包大揽式的政府主导型产学研合作，给产学研合作良性发展带来较大问题。深化经济体制改革，一方面要发挥好政府的职能，另一方面是要推进市场化改革，让市场在资源配置中起决定性作用。10多年来，我国按照既定市场化目标，逐步推进市场化进程，强调了以企业为主体，由市场主导推动的产学研合作发展方式。应该说，我国的产学研合作市场化也因此取得了非常不错的发展成果。由于计划经济体制的影响在一定程度上还存在，政府错位、缺位、越位的行为时有发生，同时我国产学研合作还面临市场化起步晚、区域经济发展不平衡等现实困难，难以避免存在这样那样的问题。我国产学研合作存在的问题，要认真对待，加快改进，这对我国推进创新体系建设、加快技术创新、实现产业发展转型升级和经济发展转型升级具有重要意义。

6 推进市场驱动型产学研合作发展的政策建议

6.1 构建完备的市场平台环境

6.1.1 加快市场化进程

对于发挥市场在资源配置中的决定性作用，要坚持做到凡是依靠市场机制能够发挥高效率和实现高效益，不会损害社会公平正义，不违背社会主义制度基本原则的，都应该交由市场来处置，政府和社会组织都不要干预，实行负面清单管理模式。根据这一原则，各级政府部门要继续深化简政放权工作，要确保放权到位，逐步形成良好的市场秩序。产学研合作作为一种经济行为，良好的市场氛围和秩序对其稳健、高效发展具有重要意义。

6.1.2 更好地发挥好政府作用

市场的自发性和盲目性容易造成市场失灵，这是被世界经济发展证实的原理。我国40多年的经济发展保持平稳快速，加强政府对宏观经济的引导和调控是一个基本的成功经验。2008年爆发国际金融危机，我国经济保持稳定增长的态势，使强化国家宏观调控的做法得到世界各国的普遍认可。因此，在任何时候这一宝贵经验和手段都不能丢掉。切实推进使“市场起决定性作用”，政府职能这只“看得见的手”也要切实更好地发挥自身作用，在宏观政策制度制定、公共服务领域建设、发展环境营造等方面要更有作为。要保持宏观经济平稳运行，防止出现大起大落；要强化政府对市场的监管职能，维护和营造公平的市场秩序；要建立健全法规，以制度规范、法律健全促进产学研合作良性发展。

6.1.3 完善金融和风险投资体系

产学研合作是一项人才、技术和资本的融合工程，对金融和投资体系要求非常高。要加大对产学研合作的支持力度，鼓励银行、保险和风险投资等各类社会资本，按照市场价值规律，积极投入产学研合作领域；要创新金融体系、丰富金融工具，为产学研合作提供更多、更便捷的融资服务；对具有较强自主知识产权、处于产业发展前沿的新材料、新技术、新能源和新工艺项目，在投融资上给予特殊倾斜和照顾，实施倾斜性产业技术政策；为科技型中小企业贷款提供更便捷的保障服务，支持小微科技型创业；鼓励和支持具备一定条件的科技型企业上市，通过资本市场融资促进产学研合作顺利发展。

6.1.4 进一步完善中介服务体系

发达国家的先进经验表明，完善的中介服务体系是产学研合作蓬勃发展的重要条件。完善的中介组织可以充分发挥市场作用，有效提高市场竞争效率，同时可以有效避免寻租和腐败等问题的发生。政府要加大中介服务机构系统建设和系统创新，通过产权交易所、科技孵化器等中介服务平台发挥作用，使技术研发和产业转化市场繁荣。要加强对中介服务机构的管理，建立完善信用评价体系，确保中介服务管理规范、服务专业、效率提高。要保障中介机构的合理利益，调动中介机构服务产学研合作的积极性。

6.1.5 不断拓宽产学研合作平台

丰富的产学研合作平台有助于技术创新活动的开展。从国际国内经验来看，主要的产学研合作平台有科技园、企业技术中心、研发中心和产业技术研究院等。这些合作平台具有辐射和扩散功能，将高校、科研机构和企业的科研、技术、人才和资金优势充分发挥，对技术研发、成果转化等方面的发展起到了至关重要的作用。但是，在产学研合作的过程中，也还是存在一些制约发展的重要问题，原有的平台难以有效解决，这就要求必须加强政府的宏观引导，坚持市场导向，借用市场的智慧和力量，通过平台创新，模式创新，方法创新，解决发展中遇到的现实问题。比如国家实施的海外高层人才引进计划（简称“千人计划”）就是一种平台的创新。[①]“千人计划”提出，在有条件的地方，特别是东部沿海地区和中心城市，要依托经济技术开发区、高新技术产业开发区、留学人员创业园、大学科技园等，推出一批特色项目，吸引海外高层次人才来创业。类似这样的平台还需要进一步引进、创新，切实服务好产学研合作发展的现实需要。

① 2008年底，中央政治局常委会议审议通过中央人才工作协调小组提出的《关于实施海外高层次人才引进计划的意见》，明确提出“要在符合条件的中央企业、大学和科研机构以及部分国家级高新技术产业开发区建立40~50个海外高层次人才创新创业基地，推进产学研结合，探索实行国际通行的科学研究和科技开发、创业机制，集聚一大批海外高层次创新创业人才和团队”，即“千人计划”。

6.2 推行和完善学术休假制度为研发和创业提供方便

6.2.1 加快推广学术休假制度

学术休假制度于19世纪末在美国研究型大学开始兴起，后来在西方发达国家逐渐流行和扩散，成为高校和科研机构的一种常规制度。学术休假指大学或研究机构为了研究和教学的目的而允许学术人员特别是教学与研究人员进行休假，享受学术休假的人员可以全薪或半薪离职从事研究、休息或旅行。实行学术休假的主要目的是提升教师或科研人员的素质水平和科研创新能力，缓解职业倦怠等问题。一大批教师或科研人员通过学术休假，教学水平、科研能力和创新能力显著增强。经过一个多世纪的发展，学术休假制度在发达国家的高等学校和科研机构已经成为一种常规制度。对已经达到一定教学水平的教师或具备一定科研能力的研究人员而言，学术休假是一种难得的、重要的职业发展制度，受到普遍欢迎。我国可借鉴国际经验和成熟做法，加快学术休假制度的引进、吸收和消化，更好地服务我国教师和科研人员的职业发展需求。

6.2.2 积极探索学术休假实践经验

我国对学术休假制度早有研究和探索。1997年，教育部实施“春晖计划”，通过对我国高校进行专项补贴，引进正在进行学术休假的海外杰出人才和我国海外留学人才，让这些人才在休假期间为我国高校服务。“春晖计划”从本质上是反向利用学术休假制度，其实施却对我国高校的学科建设起到了积极的促进作用。而在《2002—2005年全国人才队伍建设规划纲要》等文件中，我国有关部门多次提出要实施学术休假制度。2012年，教育部印发实施的《关于全面提高高等教育质量的若干意见》中，再次倡议各高校要建立教授、副教授的学术休假制度，鼓励具有一定教学和科研水平的人才通过学术休假更好规划个人职业发展。近年来，清华大学、北京师范大学、吉林大学和中国科学院等也相继提出建立学术休假制度，但如何进行管理、如何确定休假期间的待遇、休假期间的经费来源等问题仍需探讨，该制度在我国的实施效果还未有效体现出来。总体而言，作为一项国际实践证明行之有效、国家主管部门鼓励的制度，我国高校应大胆实践，积极推进，积累实践经验，为制度实施奠定基础。

6.2.3 统筹实施学术休假制度

1. 将学术休假纳入考核体系

学术休假制度作为一项国际上已经运行比较成熟的制度，历经100多年的发展，值得学习借鉴、吸收引进。从宏观环境上，教育、科技等主管部门可大力营造鼓励、支持和倡导学术休假的良好氛围，不停留在过去重在倡导的层面，而是要切实将学术休假制度的实施和效果纳入高校和科研机构的考核评价体系，作为高校和科研机构建设的重要指标进行综合评比排名，真正实现宏观调控到位。从高校和科研机构层面，要充分认识到学术休假对提高高校、科研单位教学水平和科研能力的积极作用，做到思想上重视，行动上落实。要促进高校和科研机构结合本单位的实际情况，建立健全学术休假制度，规范管理，营造环境，使该制度切实可行。

2. 要保障休假人员合理权益

传统的学术休假制度，教师和科研人员的学术休假，主要是进行学术研究、写作和科研或者外出进修，但现有的高校或科研机构平台并不影响他们实现以上目标，而且收益更大，因此对教师和研究人员而言，学术休假的内在驱动力不强。相反，部分试行学术休假制度的单位，相关人员休假结束后会面临岗位安排、工资待遇和福利保障不健全等现实问题，这些问题严重影响了休假的积极性。因此，从制度设计上要统筹兼顾，在鼓励符合条件的人员进行学术休假的同时，要从劳动关系管理、工资福利待遇、岗位安排、信息沟通等方面给予充分保障，解除休假人员的后顾之忧。

3. 要鼓励休假人员创新创业

根据科学技术部有关资料，我国有一大批的高校和科研机构的研究人员掌握了大量的研究成果，但大多数科研成果仍然停留在学术研究的层面，成果转化率过低，从而形成了一对现实矛盾：一方面是市场拥有强烈的科研成果需求，另一方面是研究人员掌握大量的科研成果却无法转化。从长远来讲，突破这一困局需要在两方面下功夫：一是搭建信息交流和整合平台，使供需双方可以通过平台建立联系，实现合作。科学技术部已经在这方面下功夫，建立了信息库，定期开展成果转化交流会和科技项目评审会等，也取得了初步的成果。二是鼓励和支持掌握一定科研成果的科研人员进行创业。虽然相当一部分科研人员可能不擅长或不适合创业，国家和社会应该提供宽松良好的科研环境鼓励、支持其进行基础研究，而且相当一部分的科研人员是具有创业能力的。科研成果一旦与创业的激情结合在一起，必然能爆发出惊人的能量。就如李克强在2014年夏季达沃斯论坛上指出的，“我们鼓励大众创业万众创新，有效释放社会创造力。”这就需要高校和科研机构对具备一定水准的人员进行学术休假提供便利，对切实有成果转化和创业需求的科研人员，保证其在学术休假期间仍然有一定的经济保障，假期结束后仍然可以回归正常工作，甚至学校和科研机构可以给予休假人员一定的创业津贴，按照市场价值规律，双方约定好权益，鼓励休假人员创业发展。这样做既可以鼓励更多具有较强专业技能的高端科研人员投入高科技产业创业，又可以使这部分人获得丰富的科研和创业经验，在休假结束后，能够更好地指导教学和进行科研，从而实现螺旋式发展。当然，因为我国的创业氛围日益浓厚，学术休假的范围，不应仅限于教师和科研人员两类人，对在校的学生中已经取得一定科研成果的，也可以鼓励其进行学术休假，学校给予一定的年限，延长其教育时间。

4. 要规范学术休假管理

对可以享受学术休假的人员，为提高资源使用效率，应建立严格的审批流程，应有专业委员会对申请人的学术研究成果和创业能力等指标进行考评，符合条件的才可以享受休假待遇。对相关人员休假期间的成果要进行评定。我国部分试行学术休假的高校中，个别单位强调相关人员在学术休假期内不参与学校学术评价，这对促进学术休假制度的发展并无益处。从建设创新型国家的高度，为鼓励社会各方面力量参与创新、推动创新，对相关人员在学术休假期间的研究成果和创业成果，都应该在学术评定等方面给予肯定和鼓励，允许纳入评定范围。只有这样，才能最大限度地鼓励更多优秀人才落实学术休假、支持学术休假，有力促进科研成果转化，推进高科技产业化的进程，为经济社会发展贡献更大力量。

6.3 加强人才队伍建设带动产学研合作快速发展

科学技术是第一生产力，我国要加快发展，实现转型升级，必须依靠科技创新和科技进步。科技创新和科技进步的关键在人才，通过知识转化，促进社会经济加快发展。世界各国都把人才培养作为强国战略，尤其是培养科技人才，打造顶尖科技人才队伍，已成为各国在国际竞争中赢得优势的战略性选择。现阶段，我国在人才队伍建设上存在两个方面的突出问题，一是顶尖级人才缺乏，急需产学研学科带头人；二是人才分布不均衡，产学研合作的人才基础还比较薄弱。根据欧洲议会有关部门关于人才流动的重要“吸引因子”理论，为促进产学研合作稳健快速发展，我国需要在顶尖级人才的引进和人才队伍的培养上下大力气，从战略发展的高度，在环境保障、经费保障和服务保障三大方面下功夫。

6.3.1 构建人才的环境保障体系

根据欧洲议会的研究成果，环境对人才来说是首要影响因子。对广大顶尖级科学家和学科带头人的调研、访谈发现，人才对工作环境、发展环境的要求非常之高。从事应用研究的顶尖级人才，则希望在高新技术产业进行科研和创业。我国经过几十年的创新发展，已经形成了一大批具有较高水准的科技发展平台，要充分利用这些高端平台吸引顶尖级人才进行创新和创业。要从战略上高度重视顶尖级人才的吸引、培养工作，大力推进“千人计划”“万人计划”等人才工程，吸引一批能够突破关键技术、发展高新技术产业、带动新兴学科的战略科学家和领军人才创新创业，努力改善研究和创业环境，为顶尖级人才进行科学研究活动创造良好条件，促使其潜心研究，带动产学研合作达到更高水平。对我国的发展来说，这是一种新形势下的人口发展红利。对顶尖级人才，要用市场化的方式，比如股权激励、期权激励等方式，激励其能力和创造性最大限度发挥，使其在经济社会发展和人才队伍建设中起到引领和示范作用。产学研合作的深厚基础，在于拥有一支规模庞大、分布均衡的人才队伍。针对我国人才队伍分布不均衡的状态，国家要从宏观政策上给予落后地区一定的倾斜照顾，既要鼓励更多人才到落后地区发展，更要通过培养更多的当地人才支撑地区产业发展。

6.3.2 增加人才的资金保障

科技创新和人才培养离不开资本的密切支持。根据欧洲议会的研究成果，在给科技人才充足科研经费保障的同时，更要注重科研经费的管理。要给科研人员灵活的经费使用便利，鼓励其进行交叉项目研究和人才培养。这种模式，被证明对产学研合作的促进起到积极的作用，有助于实现快速发展。而对一般的科技人才，要通过专项资金扶持等方式加大培养力度。比如可以通过专项资金，安排中西部的科研人员到东部沿海地区的研究基地或项目中进行观摩、学习和锻炼，切实提高其科研能力和创业水平，待其完成一定的积累后，回到地方进行科研和创业的水平会有显著提高。也可通过专项资助，在落后地区的高校、科研机构或高新技术企业建立更多研究平台或实验室，切实提高当地人才的科研水平。

6.3.3 强化人才的服务保障

要用良好的服务保障提升科研人员的积极性和创造力。科技工作者由于工作原因，一般不太重视一些外部事务的处理。作为企业或者服务保障单位，要结合科研人员的特殊情况提供有针对性的服务保障。要统筹协调服务工作，搭建服务平台，尽量减少不必要的干预。要努力营造良好舒适顺畅的工作环境，让科研人员将更多精力用在科技研发和成果转化上。这些都对深化产学研合作的发展非常重要，也是众多产学研合作比较成功项目的成功经验。

6.4　国家专项扶持落后地区产学研合作发展

推进市场驱动型产学研合作，并不是否认国家和地方政府在促进产学研合作方面的重要作用。从我国的经济发展实践来看，我国之所以连续几十年保持高速增长态势，一个基本经验就是发挥了国家和政府在经济体制改革中的主体地位，实行了强力推进，同时努力积极调动市场因素促进改革，从而有效发挥了“看得见的手”和“看不见的手”的作用，取得了经济快速发展的良好效果。从我国发达地区的发展经验来看，产学研合作之所以能够实现快速发展，主要是初期政府在宏观调控、政策扶持、资源扶持等方面起了很大作用，达到一定发展水平后，市场作用进一步发挥，逐步超过或取代部分政府职能，激发了更大的发展活力。对落后地区的发展也要做到发挥好政府作用和发挥好市场作用相结合，只有这样，落后地区与发达地区之间形成的发展差距才有可能转变为落后地区发展的后发优势，实现跨越式发展。

6.4.1 推进产业转移应发挥成本后发优势

沿海发达地区因为享受到了优惠政策，成立了一大批企业，构建了比较完备的产业群，从而实现了快速发展。随着我国经济的快速发展和融入世界经济一体化带来的影响，产业工人跨地区流动和资源跨区域运输等成本非常巨大，已经给相当一部分产业的发展带来巨大的生存威胁。通过合理推进产业转移，既可以实现先进技术向落后地区的转移，也可以有效发挥区域人工成本优势、资源优势和市场优势，最大限度发挥生产效益。

6.4.2 充分发挥技术后发优势

科学技术作为第一生产力，一旦先进的科学技术在一定区域得到推广和使用，将能够极大促进区域经济的快速发展。现阶段我国存在比较严重的区域发展不平衡，归根结底是因为科技实力发展不平衡，从而导致中西部地区与东部沿海地区发展差距较大。要缩小区域发展差距，大力推进中西部地区的科技创新是关键。但科技创新不可能一蹴而就，在发展基础还比较薄弱的条件下，通过产业转移、技术转移是一个比较有效的办法。产业技术转移主要有三种途径：一是技术模仿创新，落后地区将发达地区的先进技术、成熟技术直接为我所用。二是产业转移，将部分因为生产成本较高、不适宜在发达地区发展的产业，转移到拥有相应较低原材料和人工成本的落后地区，加快工业化发展速度。三是吸收引进先进技术，通过政策优惠、服务周到、保障配套等方式抢占科技发展前沿阵地，将发展劣势转变为发展优势和胜势，实现跨越式发展，从而缩小发展差距，甚至实现赶超。

6.4.3 加快推进制度体系建设

中西部地区落后于沿海发达地区，有对外开放程度和市场化进程的因素，但更主要的原因是制度环境发展不平衡，由于多年的积累又进一步拉大了差距。从国家层面看，要在政策支持上给予中西部更大倾斜，在税收、金融保障等方面给予照顾，为中西部发展赢得空间；要拉动东部沿海发达地区对中西部的反哺活动，通过省际互动拉动内部市场；要从产业规划上高起点布局，提高二、三产业的比重，重点支持绿色环保和高附加值产业发展。中西部地区也要从市场发展倒逼的角度，自觉吸收引进发达地区的先进管理制度、创新应用，促进当地各项管理水平的全面提高。

6.4.4 充分调动市场参与落后地区产学研合作的积极性

从资本逐利的本性考虑，市场资源重视在发达地区流动有其必然性。从中西部地区的财力和发展基础等方面考虑，其吸引市场投入的能力显著偏弱。以2011年全国R＆D投入和人员状况看，中西部十余省、市、自治区不及江苏一省的份额，单靠地方政府的财务加快发展难度极大。因此，国家有必要通盘考虑，利用中央政府财力雄厚、政策预期稳定等优势，重点扶持落后地区推进产学研合作。一方面从国家层面协助地方打造良好的基础硬件环境，另一方面将中央政府投入的资金等作为杠杆，吸引更多市场资本和资源投入中西部的产学研合作项目，这必将对区域经济发展和经济转型起到重要作用。

6.5 本章小结

本章结合国内外产学研合作的状况，从市场驱动型角度提出了具体的建议，对推进产学研合作的方式方法有不少新的补充和完善，比如建议推行和完善学术休假制度。研究认为，传统的学术休假重点在于利用休假时间为教师和科研人员提供进修、科研和提升教学能力的机会，本研究建议的学术休假制度重点在于鼓励具有科研成果的科研人员利用休假时间面向市场进行成果转化和创业发展，为高校和科研院所R＆D人员参与研发、进行创业提供方便。当然，对相当一部分适合从事基础研究的科研人员，应该继续创造更多机会和环境条件让其更好地从事基础研究，但人的发展有差异性，对部分具有创业发展能力的科研人员，应提供环境和条件鼓励其进行市场化发展。此外，针对我国区域发展不平衡的现状，国家要专项扶持落后地区的产学研合作，通过产业转移、技术转移、制度优化和利用资金杠杆等方式方法，充分发挥后发优势，以产学研合作的深入开展，促进区域经济增长和发展转型。

7 结论与展望

7.1 结论

我国发展面临着“双重转型”的现实问题，即从计划经济向市场经济转变，从传统农业社会向现代工业社会转变，这双重转型，都需要市场和科技充分发挥作用。科学技术是第一生产力，产学研合作作为科技创新的重要手段，在建设创新型国家中具有举足轻重的作用。通过市场驱动型产学研合作，紧密地将市场与科技结合在一起，通过技术创新、成果转化、产业发展，实现经济增长和发展转型的战略目的。本文在交易成本理论、创新理论、知识经济理论、战略联盟理论和“经济人”理论等基础上，结合我国经济发展实际，从市场驱动的角度，通过对市场驱动型产学研合作与经济转型的研究，得出以下结论。

1. 我国政府对产学研合作推进起到了至关重要的作用

我国的产学研合作历经了政府绝对主导、政府加强引导到政府积极引导与市场驱动相结合三个阶段，在每个阶段，政府通过制定政策法规、提供制度保障、加强环境平台建设和财政支持等手段，对产学研合作实施影响。可以说产学研合作的总体方向，都是在政府的把控和设计下发展。我们研究和倡导市场驱动型产学研合作，事实上也是与政府战略方向相一致。在现阶段，要进一步加强政府在保证交易秩序上的特殊功能，通过制度保障、法律保障、环境保障和平台保障等，为产学研合作发展创造良好环境。

2. 我国产学研合作市场化在近年来取得了快速发展

从R＆D经费来源和执行主体来看，从2000年，企业作为市场的主体，在产学研合作中逐步确立了主体的地位。市场化程度的不断提高，促进了我国产学研合作的蓬勃发展。同时也要看到，受计划经济体制、政治生态和官员考评体制等方面的影响，政府主导型产学研合作仍然较多，政府对重大产学研合作项目的干预仍然比较频繁，引发的系列问题需要引起关注和改进，市场化的要求仍然十分迫切。

3. 构建市场驱动型产学研合作运行机制有助于经济发展

本文以市场为导向，从项目确定、人才配备、资金投入、合作主体利益机制和项目结果检测五个方面构建了市场驱动型产学研合作的理论运行模式，并进行了实践探索。实践检验证明，市场驱动型产学研合作，无论是对区域经济的发展，还是对企业核心竞争力的提升，都具有积极意义。

4. 市场驱动型产学研合作在我国经济转型中发挥重要作用

从经济发展的本质来讲，市场化程度是经济转型的重要特征，工业化程度也是经济转型的重要特征。市场驱动型产学研合作，无疑在推进工业现代化进程中发挥重要作用，其市场化的水平，反映了经济转型的发展水平。从国际和国内产学研合作实践分析，市场化程度高、以市场驱动为主的产学研合作，对经济社会发展的促进作用更加突出。这就要求我国要切实加快产学研合作的市场化步伐，用市场驱动型产学研合作促进经济发展。

5. 良好的机制体制有助于推动产学研合作

本文结合欧洲议会关于吸引顶尖级科学家流动的重要“吸引因子”成果，提出了要加强服务环境保障、资金保障和服务保障的政策建议，主张推进和完善学术休假制度，以吸引一批能够突破关键技术、发展高新技术产业、带动新兴学科的战略科学家和领军人才创新创业，让科技人才安心工作、潜心科研，为我国在新一轮科技创新中掌握核心竞争力、形成比较优势创造条件。

6. 加强对落后地区的扶持，促进产学研合作均衡发展

针对我国区域发展不平衡形成的产学研合作发展不平衡状况，本文建议要充分发挥市场和政府的作用，通过产业转移、技术转移和制度优化等途径，充分调动市场参与落后地区产学研合作的积极性，为落后地区的转型和发展注入更多活力，努力实现均衡发展的目标。

7.2 展望

我国创建国家创新体系、建设创新型国家的战略任重道远。产学研合作作为国家推进创新型国家建设的重要方式，要坚持以企业为主体，以市场为导向的方针不能动摇。只有充分发挥市场在资源配置上的决定性作用，才能最大限度发挥产学研合作的效果，更好地为经济发展，为提升企业综合实力和国际竞争力做出贡献。

参考文献

[1] G.M.格罗斯曼，E.赫尔普曼. 全球经济中的创新与增长[M]. 何帆，等译. 北京：中国人民大学出版社，2003.

[2] H.钱纳里，S.鲁宾逊，M.赛尔奎因. 工业化和经济增长的比较研究[M]. 吴奇，等译. 上海：上海三联书店，上海人民出版社，1995.

[3] 保罗・萨缪尔森，威廉・诺德豪斯. 经济学[M]. 萧琛，蒋景媛，译. 北京：人民邮电出版社，2011.

[4] 蔡兵. 创新与产学研合作[M]. 广州：广东经济出版社，2010.

[5] 蔡茂生，黄秋文. 管理学基础[M]. 广州：广东高等教育出版社，2004.

[6] 陈劲，王焕祥. 创新思想者：当代十二位创新理论大师[M]. 北京：科学出版社，2011.

[7] 丹尼・罗德里克. 探索经济繁荣——对经济增长的描述性分析[M]. 张宇，译. 北京：中信出版社，2009.

[8] 道格拉斯・麦格雷戈. 企业的人性面[M]. 韩卉，译. 北京：中国人民大学出版社， 2003.

[9] 方福前. 当代西方经济学主要流派[M]. 北京：中国人民大学出版社，2004.

[10] 范德成，王晓辉. 中国产业结构的动态投入产出模型分析[M]. 北京：科学出版社，2011.

[11] 郭斌. 知识经济下产学合作的模式、机制与绩效评价[M]. 北京：科学出版社，2007.

[12] 郭大成. 高校促进产学研用结合理论与实践[M]. 北京：北京理工大学出版社，2012.

[13] 亨利・埃茨科威兹. 国家创新模式：大学、产业、政府“三螺旋”创新战略[M]. 周春彦，译. 北京：东方出版社，2014.

[14] 亨利・埃茨科威兹. 三螺旋[M]. 周春彦，译. 北京：东方出版社，2005.

[15] 郎咸平，杨瑞辉. 资本主义精神和社会主义改革[M]. 北京：东方出版社，2012.

[16] 李・J.阿尔斯顿，斯瑞恩・艾格森，道格拉斯・C.诺斯. 制度变迁的经验研究[M]. 杨培雷，译. 上海：上海财经大学出版社，2014.

[17] 李建强，黄海洋，陈鹏. 产业技术研究院的理论与实践研究[M].上海：上海交

通大学出版社，2011.

[18] 李学勇. 外国政府促进企业自主创新产学研相结合的政策研究[M]. 北京：科学技术文献出版社，2006.

[19] 林季红. 跨国公司战略联盟[M]. 北京：经济科学出版社，2003.

[20] 李新男，张杰军，张赤东. 产学研合作创新组织模式比较研究[M]. 北京：知识产权出版社，2014.

[21] 刘霞辉，张平，张晓晶. 改革年代的经济增长与结构变迁[M]. 上海：格致出版社，上海人民出版社，2008.

[22] 罗纳德・哈里・科斯. 企业、市场与法律[M]. 上海：上海三联书店，上海人民出版社，2009.

[23] 罗焰，黎明. 地方院校产学研合作模式及运行机制研究[M]. 成都：巴蜀书社，2009.

[24] 卢现祥，朱巧玲. 新制度经济学[M]. 北京：北京大学出版社，2011.

[25] 马歇尔. 经济学原理[M]. 廉运杰，译. 北京：华夏出版社，2005.

[26] 迈克尔・波特. 国家竞争优势[M]. 李明轩，邱如美，译，北京：中信出版社，2007.

[27] 约翰・亨利・纽曼. 大学的理念[M]. 高师宁，等译. 北京：北京大学出版社，2016.

[28] 邱力生，曾一昕，刘华，等. 中国转轨经济中IT企业经济管理研究[M]. 北京：中国社会科学出版社，2008.

[29] 青木昌彦. 比较制度分析[M]. 周黎安，译. 上海：上海远东出版社，2001.

[30] 盛洪，主编. 现代制度经济学[M]. 北京：中国发展出版社，2009.

[31] 孙健. 提升能力加速转型[M]. 北京：中国财富出版社，2012.

[32] 孙健. 助推中国经济转型[M]. 北京：中国财富出版社，2012.

[33] 吴晓波. 历代经济变革得失[M]. 杭州：浙江大学出版社，2013.

[34] 吴季松. 知识经济学[M]. 北京：首都经济贸易大学出版社，2009.

[35] 王缉慈. 超越集群——中国产业集群的理论探索[M]. 北京：科学出版社，2010.

[36] 谢德荪. 源创新[M]. 北京：五洲传播出版社，2012.

[37] 熊彼特. 经济发展理论[M]. 何畏，等译. 北京：北京出版社，2008.

[38] 曾一昕，邱力生，刘华，等. 知识产权保护制度的经济学分析[M]. 北京：中国社会科学出版社，2008.

[39] 赵强，孙莹，尹永强. 科技资源整合与产学研合作问题研究[M]. 沈阳：东北大

学出版社，2011.

[40] 张五常. 经济解释——张五常经济论文选[M]. 北京：商务印书馆，2000.

[41] 张琳. 产学研合作中政府角色定位研究[M]. 北京：经济科学出版社，2012.

[42] 周其仁. 改革的逻辑[M]. 北京：中信出版社，2013.

[43] 中国科技发展战略研究小组. 中国区域创新能力报告（2009）[M]. 北京：科学出版社，2010.

[44] 樊纲，王小鲁，朱恒鹏. 中国市场化指数——各地区市场化相对进程2011年报告[M]. 北京：经济科学出版社，2011.

[45] 鲍新中，王道平. 产学研合作创新成本分摊和收益分配的博弈分析[J]. 研究与发展管理，2010，（10）：75-81.

[46] 边伟军，罗公利. 基于三螺旋模型的官产学合作创新机制与模式[J]. 科技管理研究，2009，（2）：4-6.

[47] 蔡翔，刘晓正. 国家标准视角的官产学创新合作关系测度[J]. 华东经济管理，2012，（9）：130-133.

[48] 蔡翔，王文平，李远远. 三螺旋创新理论的主要贡献、待解决问题及对中国的启示[J]. 技术经济与管理研究，2010（1）：26-29.

[49] 陈红喜. 基于三螺旋理论的政产学研合作模式与机制研究[J]. 科技进步与对策，2009（12）：6-8.

[50] 陈劲，阳银娟. 协同创新的理论基础与内涵[J]. 科学学，2012（30）：161-164.

[51] 陈静，林晓言. 基于三螺旋理论的我国技术转移新途径分析[J]. 技术经济，2005（7）：1-5.

[52] 陈薛孝，黄小勇，饶庆林. 大学科技园对区域经济发展的影响——以南昌大学国家大学科技园为例[J]. 企业经济，2012（5）：122-125.

[53] 丁云龙，孙冬柏. “政产学研用”一体化打造产业技术研究院[J]. 中国高校科技，2012（3）：20-23.

[54] 丁云龙，孙冬柏. 产业技术研究院的创建及意义[J]. 中国高校科技，2012（1）：46-48.

[55] 杜鹃，李众，叶斌，等. 产学研合作模式中存在的共性问题及其对策[J]. 科技进步与对策，2005（2）：15-19.

[56] 方卫华. 创新研究的三螺旋模型：概念、结构和公共政策含义[J]. 自然辩证法研究，2003（19）：69-72.

[57] 付丹，李柏洲. 基于产业集群的区域创新系统的结构及要素分析[J]. 科技进步与

对策，2009（17）：56-58.

[58] 高宏伟. 产学研合作利益分配的博弈分析——基于创新过程的视角[J]. 经济管理研究，2011（3）：34-36.

[59] 辜胜阻，李俊杰，郑凌云. 推进“大学—产业”互动重构创新文化价值体系[J]. 中国软科学，2007（2）：41-48.

[60] 顾佳峰. 论科技创新下的产学合作[J]. 自然辩证法研究，2006（7）：81-84.

[61] 郭金喜. 从边际企业到动态企业——沿海产业集群升级的另一种解释[J]. 发展研究，2009（10）：53-56.

[62] 何华沙. 加强央企青年人才队伍建设的思考[J]. 中国青年研究，2001（3）：39-42.

[63] 胡士强，张云霞. 高新技术产业发展中的政府作用探析[J]. 科技管理研究，2008（4）：26-28.

[64] 黄波，孟卫东，李宇雨. 基于双边激励的产学研合作最优利益分配方式[J]. 管理科学学报，2011（7）：31-33.

[65] 黄家明，方卫东. 交易费用理论：从科斯到威廉姆森[J]. 合肥工业大学学报：社会科学版，2000（14）：33-36.

[66] 黄双华，蒲利春，陈伟，等. 产学研合作教育是培养应用型本科人才的有效途径[J]. 科学学与科学技术管理，2004（4）：124-127.

[67] 黄英杰. 走向创业型大学：中国的应对与挑战[J]. 清华大学教育研究，2012（4）：31-34.

[68] 胡恩华. 产学研合作创新中问题及对策研究[J]. 研究与发展管理：2002（1）：54-57.

[69] 姜炳麟，谢廷宇. 技术创新能力评价指标体系及其多级模糊评价方法[J]. 商业研究，2004（18）：77-79.

[70] 金明浩，郑友德. 论创新背景下我国产学官联盟与知识产权转移[J]. 科学学与科学技术管理，2007（6）：13-18.

[71] 景临英，薛耀文，李亨英，等. 基于不同心理与需求的校企合作博弈研究[J]. 科学学研究，2008（26）：171-177.

[72] 冷民，Ulrike Tagscherer，刘海波，等. 产业技术研究院的创新管理[J]. 科技论坛，2011（12）：36-38.

[73] 李海波. 区域创新测度的新探索——三螺旋理论视角[J]. 科学与管理，2011（6）：45-48.

[74] 李华晶，王睿. 知识创新系统对我国大学衍生企业的影响——基于三螺旋模型

的解释性案例研究[J]. 科学管理研究，2011（1）：34-39.

[75] 李嘉明，吕一慧. 基于协同学理论的产学研联盟演化机制研究[J]. 科研管理，2009（30）：166-172.

[76] 李龙一. 技术创新与企业组织结构[J]. 科技进步与对策，2003（3）：69-72.

[77] 李培哲，菅利荣，裴珊珊，等. 企业主导型产业技术研究院组织模式及运行机制研究[J]. 科技进步与对策，2014（6）：65-69.

[78] 李振国. 区域创新系统演化路径研究：硅谷、新竹、中关村之比较[J]. 科学学与科学技术管理，2010（6）：28-33.

[79] 林晶晶，周国华. 企业—大学合作中的知识转移机制研究——以某转制院所实施项目管理模式为例[J]. 中国软科学，2006（3）：139-144.

[80] 林志坚. 政府主导型产业技术研究院运作模式的创新思考[J]. 科技管理研究，2013（21）：37-40.

[81] 路甬祥. 建设面向知识经济时代的国家创新体系[J]. 世界科技研究与发展，1998（6）：18-21.

[82] 刘彦. 日本以企业为创新主体的产学研制度研究[J]. 科学学与科学技术管理，2007（2）：36-42.

[83] 刘元芳，彭绪梅，彭绪娟. 基于创新三螺旋理论的我国创业型大学的构建[J]. 科技进步与对策，2007（11）：106-108.

[84] 刘祖云，严燕. “三螺旋”国家理论创新模式的一个解释框架[J]. 南京农业大学学报：社会科学版，2012（10）：7-14.

[85] 柳岸. 我国科技成果转化的三螺旋模式研究——以中国科学院为例[J]. 科学学研究，2011（8）：1130-1135.

[86] 龙雪梅，龙泳伶. 基于三螺旋模型的创业型大学模式探讨[J]. 大众科技，2009（2）：145-147.

[87] 马俊如. 核心技术与核心竞争力——探讨企业为核心的产学研合作[J]. 中国软科学，2005（7）：4-6.

[88] 南佐民. 论三螺旋理论下的创业型大学建设[J]. 教育与职业，2004（30）：10-11.

[89] 宁凌，张玉强. 企业主体型产学研合作模式研究[J]. 改革与战略，2009（8）：149-152.

[90] 牛盼强，谢富纪，董意凤. 基于知识双螺旋模型的我国产学研合作技术转移机制研究[J]. 科学学与科学技术管理，2010（6）：43-46.

[91] 庞青山，徐科峰. 高校科技成果转化的阻滞因素及对策研究[J]. 研究与发展管

理，2003（15）：89-93.

[92] 钱颖一. 硅谷的故事[J]. 经济社会体制比较，2000（1）：36-39.

[93] 元桥一之. 日本企业的R&D合作及其对国家创新系统改革的政策启示[J]. 科学学研究，2006（24）：481-487.

[94] 饶凯，孟宪飞. 政府研发投入对中国大学技术转移合同的影响——基于三螺旋理论的视角[J]. 科学学与科学技术管理，2012（8）：74-76.

[95] 任锦鸳，陆剑南. 复合三链螺旋创新系统模型研究[J]. 科学学研究，2003（5）：546-551.

[96] 石火学. 产学研合作的典型模式述评[J]. 高等教育研究，2000（3）：65-68.

[97] 石火学. 三螺旋模式：产学研结合的理想模式[J]. 中国高校科技与产业化，2010（10）：30-31.

[98] 史慧丹，谭黎娟. 1985－2006年我国科技创新领域研究论文文献计量分析[J]. 现代情报，2007（5）：179-181.

[99] 石书玲. 知识联盟中共有知识分享与私有知识保护影响因素研究[J]. 科学学研究，2009（26）：416-421.

[100] 孙耀吾，赵雅，曾科. 技术标准化三螺旋结构模型与实证研究[J]. 科学学研究，2009（5）：734-736.

[101] 王成军. 中外三重螺旋计量比较研究[J]. 科研管理，2006（6）：19-27.

[102] 王娟茹，潘杰义. 产学研合作模式探讨[J]. 科学管理研究，2002（1）：25-27.

[103] 王守文，徐顽强，颜鹏. 产业技术研究院绩效评价模型研究[J]. 科技进步与对策，2014（9）：120-125.

[104] 王新德，陈允，吴掬清，等. 产学研合作中高校信息平台的构建[J]. 研究与发展管理，2009（21）：110-113.

[105] 王英俊，丁堃. “官产学研”型虚拟研发组织的结构模式及管理对策[J]. 科技管理，2004（4）：34-36.

[106] 魏斌，汪应洛. 高校与企业在科技成果转化中的联盟机制——合作对策分析[J]. 管理工程学报，2001（15）：67-69.

[107] 温珂，周华东. 联盟能力视角下的产学研合作联盟促进政策研究[J]. 科学学与科学技术管理，2010（8）：10-14.

[108] 文晓灵. 三螺旋模型中的高校定位[J]. 创新科技，2006（11）：16-17.

[109] 吴洁. 产学研合作中高校知识转移的超循环模型及作用研究[J]. 研究与发展管理，2007（19）：119-123.

[110] 吴金希. 公立产业技术研究院与新兴工业化经济体技术能力跃迁——来自台湾工业技术研究院的经验[J]. 清华大学学报：哲学社会科学版，2014（29）：136-145.

[111] 吴敏. 基于三螺旋模型理论的区域创新系统研究[J]. 中国科技论坛，2006（1）：36-40.

[112] 吴思静，赵顺龙. 知识逻辑下的产学研合作模式分析[J]. 情报杂志，2010（9）：204-206.

[113] 王俊华. 论知识经济是创新经济[J]. 中国青年政治学院学报，2008（4）：88-92.

[114] 许观玉，颜柏林. 基于产业集群的视角对上海产学研联盟的思考[J]. 沿海企业与科技，2007（1）：149-150.

[115] 谢开勇，赵邦友，张礼达，等. 论高校产学研及其运行机制[J]. 科学学研究，2002（20）：423-427.

[116] 谢园园，梅姝娥，仲伟俊. 产学研合作行为及模式选择影响因素的实证研究[J]. 科学学与科学技术管理，2011（3）：35-42.

[117] 徐环，于丽英. 产业集群成长中的官产学三重螺旋关系演变分析[J]. 科技管理研究，2010（11）：23-26.

[118] 徐烨，陈燊. 闽台高新技术产业战略联盟构建及绩效评价研究[J]. 特区经济，2013（6）：22-27.

[119] 杨东升，张永安. 校企合作创新方式选择的博弈分析[J]. 科研管理，2008（29）：29-32.

[120] 杨明海，荆扬，王艳洁，等. 产业技术研究院的建设机制探究——以天津大学产业技术研究院为例[J]. 科技管理研究，2013（24）：92-94.

[121] 游文明，等. 产学研合作动力机制优化研究[J]. 科学学与科学技术管理，2004（10）：9-12.

[122] 虞振飞，张军，杜宁，等. 浅析研究型大学在产学研合作中遇到的问题[J]. 科研管理，2008（29）：13-16.

[123] 詹美求，潘杰义. 校企合作创新利益分配问题的博弈分析[J]. 科研管理，2008（29）：8-14.

[124] 张海滨，陈笃彬. 基于三螺旋理论的高校支撑区域创新体系评价研究[J]. 东南学术，2012（1）：181-187.

[125] 张俊，李忠云. 高校产学研合作的运行机制探讨[J]. 中国高等教育，2001（22）：35-36.

[126] 张奇，张志刚，王晓蓬. 基于技术许可的校企合作创新博弈模型构建研究[J]. 科学学研究，2009（29）：941-946.

[127] 张秀萍，迟景明，胡晓丽. 基于三螺旋理论的创业型大学管理模式创新[J]. 大学教育科学，2010（5）：43-46.

[128] 赵晓庆，许庆瑞. 技术能力评价：理论与方法[J]. 科学学与科学技术管理，2001（4）：64-67.

[129] 仲伟俊，梅姝娥，谢园园. 产学研合作技术创新模式分析[J]. 中国软科学，2009（8）：174-181.

[130] 周春彦. 大学—产业—政府三螺旋创新模式[J]. 自然辩证法，2006（4）：75-78.

[131] 周春彦. 三螺旋创新模式的理论探讨[J]. 东北大学学报：社会科学版，2008（7）：300-304.

[132] 周春彦. 双三螺旋：创新与可持续发展[J]. 东北大学学报：社会科学版，2006（5）：170-173.

[133] 周静珍，万玉刚，高静. 我国产学研合作创新的模式研究[J]. 科技进步与对策，2005（3）：67-69.

[134] 周瑞超，张协奎，吕伟斌. 关于高校科技成果转化问题的一些探讨[J]. 研究与发展管理，2010（22）：133-138.

[135] 周竺，黄瑞华. 产学研合作中的知识产权冲突及协调[J]. 研究与发展管理，2004（16）：90-94.

[136] 朱桂龙，彭有福. 产学研合作创新网络组织模式及其运作机制研究[J]. 软科学，2003（17）：49-52.

[137] 段晶晶. 基于企业合作绩效的产学研合作研究[D]. 天津：天津大学，2011.

[138] 方厚政. 企业合作创新的模式选择和组织设计研究[D]. 上海：上海交通大学，2006

[139] 付俊超. 产学研合作运行机制与绩效评价研究[D]. 武汉：中国地质大学，2013.

[140] 何悦. 产学研合作与企业内部研发的互补性关系研究[D]. 广州：华南理工大学，2011.

[141] 何泽军. 产学研合作与企业动态能力提升的理论与实证研究[D]. 武汉：武汉大学，2012.

[142] 李成龙. 产学研耦合——互动创新机理研究[D]. 上海：东华大学，2011.

[143] 李梅芳. 产学研合作成效研究[D]. 武汉：武汉理工大学，2011.

[144] 李漩. 广东省产学研合作创新机制及模式研究[D]. 成都：电子科技大学，2009.

[145] 马卫华. 产学研合作对高校学术团队核心能力作用机理研究[D]. 广州：华南理工大学，2011.

[146] 王雪原. 我国产学研联盟模式与机制研究[D]. 哈尔滨：哈尔滨理工大学，2006.

[147] 邱力生，何华沙. 增强顶尖级人才“吸引因子”[N]. 人民日报（理论版），2014-1-9.

[148] 尹江勇. 院士工作站成河南发展“加速器”[N]. 河南日报：2013-4-7专刊.

[149] 刘天纵，瞿玉盼. 市场呼唤政策性中小企业银行[M]. 湖北日报，2014-10-26.

[150] 广东产学研：创新驱动发展的重要抓手[N]. 科技日报，2014-3-13.

英文部分

[1] Cooke, P. Regional Innovation Systems, Clusters, and the Knowledge Economy [J]. Industrial and Corporate Change, 2001, 10 (4): 945-974.

[2] Doloreux, David. Regional Innovation Systems in Canada: A Comparative Study [J]. Regional Studies, 2004, 38(5): 481-494.

[3] Doloreux D, Parto S. Regional innovation systems: Current discourse and unresolved issues [J]. Technology in Society, 2005, 27(2): 133-153.

[4] Kam W P, Kiese. The Pattern of Innovation in Singapore’s Manufacturing Sector [J]. Singapore Management Review, 2003, 25: 1-34.

[5] Nastase C, Kajanus M. The role of the universities in a regional innovation system-A comparative A’WOT-analysis [J]. Amfiteatru Economic, 2008, 10(23): 219-224.

[6] Todtling F, Lehner P, Kaufmann A. Do different types of innovation rely on specific kinds of knowledge interactions? [J]. Technovation, 2009, 29(1): 59-71.

[7] Uyarra E. What is evolutionary about regional “systems of innovation”? Implications for regional policy [J]. Journal of Evolutionary Economics, 2010, 20(1): 115-137.

[8] Cohen W M, Nelson R R, Walsh J P. Links and Impacts, the Influence of Public Research on Industrial R&D [J]. Management Science, 2002, 48: 1-23.

后 记

本书是在2014年底完成的博士论文基础上补充完成的。这些年来，本人一直对产学研合作保持关注，持续跟踪前些年的研究成果是否正确和有价值。比较欣慰的是，当年提出的结论和创新点，至今仍然具有较好的学术价值和实践意义。根据中国知网统计，本研究被多次下载和引用，丰富了产学研研究成果；研究得出的意见建议，在后来得到了较好的印证，与国家在鼓励产学研合作、市场在深化产学研发展中的举措不谋而合。因此考虑将该研究进一步整理出版。

过去5年，是我国产学研深化发展的5年。根据国家统计局、财政部和科学技术部2019年8月份公告的数据，中国研发投入连续3年保持两位数高速增长，企业在产学研合作中已经完全占据了主导地位，成为研发经费增长的主要拉动力量，对研发经费增长的贡献度超过七成，市场驱动型产学研合作完全成为主流。广东和江苏两省研发经费保持名列榜单前两名，北京排名第三。高强度研发投入和稳步增长，成为区域经济发展的新引擎。根据北京市2019年上半年统计数据，全市高技术产业实现增加值3 361.4亿元，同比增长15.1%，占全市地区生产总值的23.9%。

这些亮眼数据，充分说明市场驱动型产学研合作效率足够高、效果足够好，是各宏观主体和微观主体实现先发优势、后发赶超或换道超车的最佳选择。但忧患也随之而来，在利益驱动下，资源将向优势区域倾斜，集群发展态势加剧，先进地区与落后地区的差距将更加明显，落后地区在吸引高精尖人才落户、深化产学研深度融合、发展新兴产业方面的不足将进一步放大，不同区域发展不平衡的问题将更加突出。从全球视角看，科技的发展还将影响国际竞争格局。以华为主导的5G产业为导火索，以美国为首的西方大国集体发难、联合抵制，各种极端手段层出不穷，帝国主义、寡头资本赤裸裸牟利和损人利己本质毫不遮掩，国际产业格局、经济秩序、政治生态和道德评价在新科技、新技术、新业态的冲击下，面临全面解构的风险。这恰恰是我们研究不同产学研合作驱动类型的价值和意义，社会在螺旋式上升，而驾驭发展需要展示智慧，不同的选择将会有不同的结果。

在本课题研究中，武汉大学邱力生教授给予了大力的指导，正是在他的指引下，我开启了一个全新的世界，学会用新的视角去看待和研究问题。在艰苦的研究过程中，我的家人始终给予温暖的关怀和巨大的支持；幼小的儿子还经常和我探讨有关经济和生活现象，尝试表达他朴素和稚嫩的理解，他的视角有时也会给我极大的启发，或许有一天，他会在某一领域深入开展研究，得出有趣、有益的结论。同时还要特别感谢王旭东同学，在最困难的日子里，他不仅给予了友情上的深切关怀，还给予了专业的指导和帮助；感谢上海新兴医药股份有限公司的杨向有、连有刚、曾勇杰、杨承芝、舒均良等，本书大部分内容均在湖南怀化完成，当地的同事在工作上坚定支持，在生活上给予照顾，为本书的完成创造了良好的写作环境。所以，谨将本书献给百年名校武汉大学！献给关心、指导和鞭策我成长的各位老师、同学，献给我深爱的家人和朋友们！